Basic Millionaire Spirit

2. Auflage 2014

10 Prozent der Erlöse aus dem Verkauf des Buches fließen in den Not-for-Profit-Verein Winspiration Day Association. Erfahren Sie mehr bei winspirationday.org

Zweite, erweiterte und überarbeitete Auflage, Juni 2014

© Wolfgang G. Sonnenburg
wolfgangsonnenburg.com

Alle Rechte vorbehalten. Jegliche Vervielfältigung, auch auszugsweise, darf nur mit schriftlicher Genehmigung des Verlages erfolgen.

Alle Angaben in diesem Werk erfolgen trotz sorgfältiger Bearbeitung ohne Gewähr. Eine Haftung der Autoren oder des Verlages ist ausgeschlossen.

Bildnachweise: Cover-Illustration ©iStock.com/Henrik Jönsson
Illustration Geldsäcke ©iStock.com/jehsomwang

Wolfgang G. Sonnenburg

Basic Millionaire Spirit

Mit Eigenverantwortung zu finanzieller Unabhängigkeit

Inhalt

Mit Eigenverantwortung zu finanzieller Unabhängigkeit iii

Vorwort zur zweiten Auflage vii

Vorwort von Bob Proctor xi

Danksagung. xiv

Mythos und Wirklichkeit 1

Vorneweg noch dies. 12

Einstellung zum Geld 22

Grundlagen des Erfolgs 49

Das 7-Punkte-Erfolgsprogramm

1. Entscheidung ohne Wenn und Aber . . 71

2. Den Tatsachen ins Auge sehen 81

3. Das Ziel bestimmen und immer fest im Blick behalten 95

4. Programmierung des Unterbewusstseins 117

5. Erfolg mit klarem Konzept 129

    Punkt 1: Ein Teil des Einkommens, das ich
verdiene, ist für mich zum Behalten. 146

    Punkt 2: Einen Etat für das laufende Jahr
und das grosse Finanzziel nach Höhe und Zeit
aufstellen 157

    Punkt 3: Geld arbeiten lassen 159

    Punkt 4: Weise und erfolgreiche Berater. . . . 173

    Punkt 5: Meine Arbeitskraft und mein
Finanzziel versichern 178

    Punkt 6: Einen Ressourcepunkt kaufen 179

    Punkt 7: Mich selbst und das Konzept
weiterentwickeln 181

6. Action ist angesagt! 185

7. Alles unter Kontrolle? 203

Zu guter Letzt 209

Der Autor im Portrait 213

Literaturempfehlungen 215

Dieses Buch ist all denen gewidmet, die sich aus den Fesseln der Abhängigkeit befreien und ihre finanzielle Unabhängigkeit in Eigenverantwortung gestalten wollen.

Vorwort zur zweiten Auflage

Nach der ersten Ausgabe dieses Buches erlebte die Welt und auch ich aufregende Zeiten insbesondere aufgrund der sogenannten Finanzkrise. Daher ist es nicht verwunderlich, dass ich gefragt wurde, ob das, was ich geschrieben habe, noch Gültigkeit hat.

Da ich keine konkrete Geldanlage empfohlen, sondern *Basics,* grundlegende Prinzipien beschrieben habe, hat sich an der Bedeutung dieser Grundgedanken nicht nur nichts geändert, sondern sind diese in Ihrer Bedeutung noch viel klarer zu erkennen. Wie ich es ja auch gerne sage: Wir stolpern im Wald nicht über die Bäume, sondern über das „Kleinzeug." Für dauerhaften Wohlstand ist es dringend erforderlich, diese Basics einzuhalten. Die ganze Finanzkrise ist ja gerade das Ergebnis davon, dass die Prinzipien ignoriert bzw. verraten wurden.

Genau genommen gab es, beziehungsweise gibt es, keine Finanzkrise, sondern eine Wertekrise. Nicht die Finanzkrise als Resultat ist das Problem, sondern die Intention aller Geschäfte, die zur Finanzkrise geführt haben. Es verbirgt sich immer ein tiefer Grundgedanke hinter unserem Tun, und dieser Grundgedanke ist die eigentliche Ursache des Problems.

Wie geschrieben: Gott hat nichts gegen Wohlstand und auch nichts gegen Wachstum. Nur wenn die „Anbetung" des Geldes zum eigentlichen Zweck des Handelns wird, ist es lediglich eine Frage der Zeit, bis es kracht. So hiess es ja auch so schön, die Finanzwirtschaft habe sich von der Realwirtschaft gelöst. Wie aber klingt folgender Satz?

> *„Meine Blutkreislaufwirtschaft hat sich vom realen Leben abgekoppelt."*

Da sollten bei uns unbedingt alle Alarmglocken angehen.

Bei Warren Buffett hatte ich entdeckt, wie intensiv er und sein Partner sich mit Gehirnforschung auseinandergesetzt haben, um sich selbst besser kontrollieren zu können und sich nicht selbst auszutricksen.

Unser Gehirn kann uns leicht täuschen. Wenn wir eine falsche Programmierung pflegen, dann wird es gefährlich. So scheint mir, dass sich der Mensch, seit er das Wort Naturschutz erfunden hat, immer mehr als Aussenstehenden und nicht mehr zur Natur dazugehörig sieht. Das schafft den Nährboden, Naturgesetze und universelle Gesetze zu missachten und führt zum bekannten Ergebnis. Lineares Denken führt früher oder später immer zum Misserfolg. Dieses schreibe ich, obwohl ich hier eine Grafik habe, in der zur Vereinfachung auch eine lineare Linie dargestellt wird. Die folgende Grafik soll deutlich machen, worum es mir hier mit dem Millionaire Spirit geht:

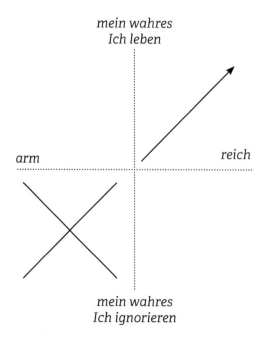

Wenn wir nur dem Geld hinterherlaufen und unsere Natur (die eigene und die der Menschen) dabei ignorieren, können wir im rechten unteren Quadranten zwar zu Geld gelangen, uns dann aber völlig vergaloppieren, wie beispielsweise die Investmentbanker, die die Krise massgeblich verursacht haben. Und ich meine damit nicht nur den gesellschaftlichen Schaden, sondern auch Ihren persönlichen. Ich habe jedenfalls niemanden von denen getroffen, den ich als gesund, ausgeglichen, tief zufrieden und glücklich bezeichnen könnte.

Und am Ende unseres Lebens gilt: Wir können kein Geld mitnehmen. Nur das, was wir an (Glücks-) Erfahrungen gesammelt haben.

Weil dieses so ist, gibt es scheinbar als „Gegenbewegung" viele, die sich im linken oberen Quadranten aufhalten. Oft sind dies sehr liebevolle und gutmeinende Menschen. Doch wer Geld ablehnt und einen negativen Bezug dazu hat sowie materiellen Erfolg bewusst ignoriert, verhält sich ebenso einseitig. Ein glückliches und erfülltes Leben zu führen schliesst materiellen Erfolg unbedingt mit ein.

Ich bin davon überzeugt, dass wir spirituelle Wesen sind, die auf einer materiellen Ebene leben und daher auch konstruktiv mit Materie – und dazu gehört auch Geld – umzugehen lernen sollten.

Der ideale Quadrant ist daher der obere rechte. Wer sich in diesem Quadranten befindet, lebt seinem Naturell entsprechend. Seine Essenz hat sich zum vollen Potential entfaltet, und er hat wirtschaftlichen Wohlstand erreicht, indem er Mehrwert – seine Werte – in diese Welt gebracht hat. So habe ich die Aussage von Yogi Bajan interpretiert, den ich später zitiere.

Mit zunehmendem Alter wird mir mehr und mehr bewusst, wie wichtig das Leben des eigenen *Purpose* ist. Letztlich hat wohl noch niemand auf dem Sterbebett gesagt: „Wäre ich doch bloss öfter im Büro geblieben!" oder „Hätte ich nur eine Million mehr gemacht!"

Geld ist wichtig – egal in welcher Währung – in der Zeit, in der wir leben. Geld ist essentiell, denn ohne Geld können weder Gesellschaft, Wirtschaft noch Politik überleben.

Selbst wenn wir wieder zu tauschen begännen und andere Werteinheiten entwickelten, im Endeffekt blieben wir dennoch davon abhängig, welchen Tauschwert wir generieren könnten. Für die alte westliche Welt, die bequem im Glauben ruht, für ewig die erste Welt zu sein, wird dies in naher Zukunft höchstwahrscheinlich besonders hart gelten. Reich und wohlhabend zu sein und in Fülle zu leben hat nichts mit Ausruhen zu tun. Ganz im Gegenteil! Einer Vision aus eigener Essenz heraus zu folgen ermöglicht grossartige Leistungen.

Wohlstand gestaltet den Weg dahin bequemer, eröffnet Möglichkeiten und kreative Freiräume, die das Erreichen der Vision stetig vorantreiben. Also das Beste ist: Purpose entdecken – Vision definieren – profitabel agieren.

Viel Glück und Erfolg auf Ihrem Weg!
Wolfgang G. Sonnenburg

Vorwort von Bob Proctor

Die meisten Menschen denken meistens an Geld. Andererseits ist Geld ein Thema, das nur wenige Menschen verstehen. Geld beeinflusst praktisch jeden Aspekt des Lebens. Und doch, so merkwürdig es auf den ersten Blick erscheint, verdient nur ein Prozent der Bevölkerung 96 Prozent von allem Geld, das in irgendeiner Weise weltweit verdient wird.

Die Informationen auf den folgenden Seiten werden klar und anschaulich erläutern, wie Sie ein Mitglied dieser erlesenen Ein-Prozent-Gruppe werden können. Aber ich kann Ihnen versichern, dass das nicht das Ergebnis eines Zufalles sein wird ... es passiert ganz gezielt. Wolfgang Sonnenburg ist ein ausserordentlicher Mensch, der ganz gezielt zu seinem Reichtum kam. Als solcher hat er ein ausserordentliches Buch geschrieben – ein Buch, das von Menschen aller Schichten benötigt wird, die ständig darüber nachdenken, warum sie Jahr für Jahr mit ihren Finanzen nicht zurechtkommen.

Ich bitte Sie nun, all Ihre bisherigen Vorstellungen einen Moment loszulassen und zu denken ... wirklich zu denken. Wenn Sie lernen wollten, wie man ein Flugzeug fliegt, würden Sie auch nicht jemanden auf der Strasse ansprechen, damit er Ihnen das Fliegen beibringt. Sie würden einen kompetenten, qualifizierten Piloten haben wollen, der es Ihnen beibringt. Aus gutem Grunde, denn Ihr Leben hängt von seinen Fähigkeiten ab. Wenn Sie viel Geld verdienen wollen, findet das gleiche Prinzip Anwendung. Verstehen Sie, die meisten Menschen erhalten die Ratschläge zum „Geld verdienen" von jemandem, der im Grunde genommen nicht mehr weiss als sie selbst, und deshalb lernen sie selten „zu fliegen." In der Tat fahren die meisten Menschen nur hin und her auf dem Weg zum Reichtum. Wolfgang Sonnenburg ist der Pilot, nach dem Sie all die Jahre gesucht haben. Er wird Ihnen jeden Aspekt des Fluges beibringen, der Sie in einen weit geöffneten Himmel wahren Reichtums und voller Überfluss bringen wird.

In seinem Klassiker *Think and Grow Rich* sagte Napoleon Hill, dass Reichtümer, wenn sie in grossen Mengen auftreten, niemals das Ergebnis harter Arbeit sind. Reichtümer ergeben sich aus klar umrissenen, „definitiven" Bedürfnissen durch die Anwendung definitiver Prinzipien, und nicht durch Zufall oder Glück. Nachdem ich Napoleon Hills Schriften seit mehr als vier Jahrzehnten studiert habe, kann ich Ihnen versichern, dass das, was er sagt, richtig ist.

Hier ist nun die gute Nachricht: Wenn Sie die definitive Forderung stellen, die Millionen, von denen Sie träumen, zu verdienen, wird Wolfgang Sonnenburg in sehr verständlicher Form erklären, worin die definitiven Prinzipien bestehen, die zur Anziehung des von Ihnen gewünschten Geldes führen. Er räumt auf mit falschen Klischees und überholten Vorstellungen. Und er räumt auf mit dem Mythos, dass nur Menschen mit einem hohen Einkommen wirklich reich werden können. Dieses Buch wird Sie fesseln und inspirieren, es wird Ihre bisherige Einstellung zu Geld und Reichtum von Grund auf ändern.

Ich selbst bringe Menschen seit 38 Jahren bei, wie man Geld in ungeahnten Grössenordnungen verdienen kann. Ich kann Ihnen aufrichtig versichern, dass mich Wolfgang Sonnenburg und seine finanziellen Erfolge mehr beeindruckt haben als irgendjemand sonst, den ich kenne. Wolfgang stammt aus einfachen Verhältnissen, ist aber durch Erweiterung seiner Sicht und das Setzen hoher Ziele die Karriereleiter zum Juristen hinaufgestiegen. Er weiss, was es heisst, etwas aus sich zu machen. Er verbrachte einen Teil seines Lebens so, wie die meisten Menschen ihr ganzes Leben verbringen – verschuldet. Zu einem bestimmten Zeitpunkt schuldete Wolfgang seiner Bank Millionen. Das war der Punkt, an dem er den Durchbruch schaffte. Er verstand die Prinzipien, über die Napoleon Hill sprach, und wandelte seinen finanziellen Ruin vollkommen um, um Millionen zu verdienen.

In einem Buch, das ich vor vielen Jahren schrieb, habe ich darauf hingewiesen, dass kein Mensch durch Lesen und Auswendiglernen erfolgreich im Leben wird. Es ist das Verstehen und die Anwendung weiser Gedanken, was zählt. Das ist es, was mich an Wolfgang mehr als alles andere beeindruckt hat, als ich ihn zum ersten Mal traf. Seine Fähigkeit, Informationen aufzunehmen und diese praktisch anzuwenden, hat ihm viel Geld eingebracht. Die meisten erfolgreichen Menschen können nicht erklären, warum sie so erfolgreich sind, und sie können deshalb ihren Erfolg auch nicht auf andere übertragen. Wolfgang Sonnenburg weiss genau, warum er zu einem so ausserordentlichen Gewinner wurde, und er ist ein Meister der Kunst, andere an seinem Wissen teilhaben zu lassen.

Dr. Wernher von Braun, der Vater des Raumfahrtprogramms, war überzeugt, dass die natürlichen Gesetze des Universums genauen Regeln folgen. Nur deshalb sind die Menschen in der Lage, Raumschiffe zu bauen, Astronauten zum Mond zu schicken und den Zeitpunkt der Landung mit der Genauigkeit des Bruchteils einer Sekunde zu bestimmen. Wolfgang hat genau diese Gesetze studiert und täglich angewandt. Dadurch ist es ihm gelungen, immer neue Erfolge mit derselben Effektivität und Erwartung zu erzielen.

Jetzt sind Sie an der Reihe.

Wenn mein Freund und Geschäftskollege Wolfgang Sonnenburg Sie Seite für Seite durch dieses wunderbare Buch führt, werden auch Sie lernen, wie man diese Gesetze anwendet und den Erfolg erzielt, nach dem Sie sich sehnen. Es ist kein Zufall, dass Sie dieses Buch in der Hand halten – Sie haben es in Ihr Leben hereingeholt. Verpflichten Sie sich jetzt, den Inhalt des Buches zu studieren und anzuwenden, und geniessen Sie dann die Erfolge, die kommen *müssen* ... es ist schliesslich ein Gesetz.

Danksagung

So wie Erfolg immer Teamwork ist, so ist die Entstehung eines Buches auch nicht das Werk einer einzelnen Person. Insbesondere wenn es um die hier in diesem Buch vermittelten Inhalte geht, kann ich nicht für mich in Anspruch nehmen, selbst alles erdacht zu haben. Mein heutiges Wissen und meine heutigen Fähigkeiten beruhen auch auf viel Unterstützung, die ich von anderen Menschen erhalten habe.

Besonders danken möchte ich meinen jetzigen Beratern Simon Dimmer und Jeremy Hoyland für ihre freundschaftliche Mithilfe an meinem Vermögenswachstum und Wissen. Robert T. Kiyosaki, der mit seinen Büchern der Serie „Rich Dad, Poor Dad" die Dringlichkeit der in diesem Buch behandelten Themen wie kein anderer in der Welt bekannt gemacht hat. Dr. John F. Demartini für sein Coaching und seine Gedanken. Er ist ein Genie und extrem klar in seinen Gedanken und Worten sowie im Verständnis der universellen Gesetze und der Quantenphysik. Zudem ist er heute einer der reichsten Männer Australiens.

Zu ganz besonderem Dank verpflichtet bin ich Bob Proctor, der heute für mich Freund und Businesspartner zugleich ist. Als Autor des Buches *Reich geboren ist jeder*, als Lehrer in *The Secret* sowie mit seinem Seminar *Secret Science of Getting Rich* hat er sich weltweit einen Namen gemacht. Er hat mit mir in einer Grosszügigkeit und Offenheit sein Wissen geteilt und mir gestattet, all sein Wissen und Erarbeitetes zu nutzen und in Veröffentlichungen zu verwenden, was wohl einmalig ist. So ist er auch der erste Spender für die Winspiration Day Association gewesen. Bob, Dir einen herzlichen Dank.

Rückblickend danke ich auch allen unqualifizierten Bankern, Steuerbeamten, unfähigen Finanzberatern wie auch den beiden Journalisten, mit denen ich dies Buch zunächst schreiben wollte.

Sie alle lehrten mich, wenn auch oft schmerzhaft, was nicht funktioniert, und halfen mir, mich von der Illusion der Abhängigkeit zu befreien.

Mein Dank gilt auch allen Seminarteilnehmern sowie den Menschen in meinem Leben, die mich direkt oder indirekt immer wieder herausgefordert haben zu wachsen und meinen Wohlstand zu vergrössern.

Und last but not least dem Journalisten Herrn Lutz Deckwerth für seine Anmerkungen zu meinem ersten Manuskript, der Lektorin Frau Elke Hildebrandt für ihre freundliche und flexible Unterstützung sowie der WIN-WIN AG, vertreten durch Herrn Josef Zaun, der dieses Projekt realisierte.

Danksagung zur zweiten Auflage

Eine zweite Auflage eines Buches verpflichtet zu besonderem Dank: Natürlich zunächst allen Lesern bzw. Käufern, die die zweite „Auflage" erforderlich machten. Und dann natürlich den Menschen, die eine grosse Unterstützung waren, dass die zweite Fassung ins Leben kam.

Da wäre zunächst mein Freund Jens Krautscheid, der heute Investmentkurse gibt (yes-we-invest.com) und mich immer wieder aufgefordert hat, den *Millionaire Spirit* weiter zu verbreiten.

Einen ganz speziellen Dank aber möchte ich jedoch meinem Vater aussprechen. Er hat es ausgehalten, dass ich ihn im Buch als „kleinen Beamten" bezeichnet hatte. Dafür möchte ich mich an dieser Stelle bei ihm entschuldigen. Im bezeichneten Absatz ging es um das Thema Geld, und meine Wortwahl „kleiner Beamter" bezog sich auf seinen Rang, der nach Besoldungsgesetz nicht hoch war. Mein Vater war in seiner Karriere immer in Schlüsselpositionen tätig, darunter leitete er die technische Abteilung im Bonner Wirtschaftsministerium und begleitete viele internationale Politikertreffen. Später verhandelte er in der Treuhandstelle für Interzonenhandel auf höchster Ebene mit Ministern. Obwohl vom formalen Rang her „kleiner Beamter," hat er Grossartiges geleistet. Danke, dass du mir diese Bezeichnung verziehen hast und danke, dass du mir deinen klaren Geist vermacht hast.

Wolfgang G. Sonnenburg
Juni 2014

*„Ich bin der Überzeugung,
dass Gedanken Wesen sind;
sie sind ausgestattet mit einem Körper,
mit Atem und mit Flügeln:
auf dass wir sie aussenden,
die Welt mit guten Resultaten zu füllen
oder mit schlechten.*

*Und was wir unseren geheimsten Gedanken heissen,
eilt ans andere Ende der Welt
und hinterlässt Wohltat oder Not –
wie Spuren im Sand."*

— Henry van Dyke, Schriftsteller, 1852-1933

Mythos und Wirklichkeit

Millionäre sind in den Augen der meisten Menschen etwas Besonderes. Angesichts der Tatsache, dass in der westlichen Welt nur ein Prozent der Bevölkerung zu den Vermögensmillionären gehört, ist dies verständlich. Dennoch werden Millionäre nicht als etwas Besonderes angesehen, weil es so wenige davon gibt, sondern weil sie allem Anschein nach ein besonderes Leben führen. Die Vorstellung, was Millionäre sind und was sie sich leisten können, löst in vielen ganz besondere Emotionen aus. Mit anderen Worten: Millionäre sind von einem Mythos umgeben. Dabei ist die Wirklichkeit anders und viel einfacher, als Sie glauben.

Kennen Sie Helmut Markwort vom deutschen Nachrichtenmagazin Focus? Einer seiner Standardsätze in der Fernsehwerbung lautet: „Fakten, Fakten, Fakten." Wie viele Fakten (nicht vermeintliche Fakten, nicht Glaubenssätze, sondern wirkliche Fakten) kennen Sie über Millionäre? Wie viel wissen Sie wirklich über Wirtschaft, über Investments, über mögliche Zinserträge oder über Steuern?

Wussten Sie, dass täglich in Deutschland über 20 Vermögensmillionäre neu entstehen und dass es immer mehr werden? Wussten Sie, dass weit über 50 Prozent der heute lebenden Millionäre ihr Vermögen selbst in diesem Leben geschaffen haben? Sie haben es nicht geerbt, sondern aus eigener Kraft erworben!

Wussten Sie, dass etwa 80 Prozent der Lottomillionäre ihr Geld wieder verlieren? Das Gleiche gilt für Sportler, Musiker, Networker – für alle, die schnell zu viel Geld kommen, ohne das Geldspiel zu verstehen, ohne wirklich das Bewusstsein eines Millionärs zu haben. Übrigens – auch vererbtes Vermögen, auch übertragene Unternehmen sind spätestens in der zweiten Generation in 80 Prozent der Fälle wieder verschwunden! So sagt der Volksmund: „Der Vater erstellt es, der Sohn erhält es, beim Enkel zerfällt es."

Viele Menschen denken, die Antwort auf Geldprobleme sei Geld. Das ist völlig falsch, denn es verschwindet ja „gleich" wieder.

Die richtige Antwort ist eine andere Einstellung und folglich auch ein anderes Wissen und Verhalten. Davon lernen wir aber normalerweise nichts zuhause, weil unsere Eltern es ebenfalls nicht besser wussten und es auch von niemandem lernen konnten. In der Schule und an der Universität lernen wir es schon gar nicht. Nun, das soll ja auch nicht so sein. Die Ausbildung soll uns zu einem guten Arbeiter machen und nicht zu einem freien Menschen.

Noch etwas müsste Sie nachdenklich machen: Wie viele Lehrer kennen Sie, die Millionäre sind? Wie viele Angestellte am Schalter Ihrer Bank kennen Sie, die Millionäre sind?

Wenn wir Millionäre nicht persönlich kennen, fangen wir gerne an, zu fantasieren und unseren Vorstellungen freien Lauf zu lassen. Fernsehsendungen wie „Arme Millionäre" tragen ebenfalls nichts zum Verständnis, sondern eher zur Verdummung bei und dienen nur dazu, die Einschaltquoten zu erhöhen.

Wie viele Fernsehredakteure gibt es, die Millionäre sind und das aus eigener Kraft geschafft haben? Vermutlich wenige. Wie also sollen die Medien in der Lage sein, das richtige Wissen und die Bildung zum Thema Geld zu vermitteln?

Wen fragen Sie in finanziellen Angelegenheiten? Jemanden, der auch mit Ratenkrediten lebt? Solche Leute bringen Sie nicht weiter.

Warum haben Sie, obwohl Sie vielleicht schon immer Millionär werden wollten, nicht einmal mit einem Millionär Kontakt aufgenommen und ihn gefragt: „Hey, wie macht man das, wie wird man Millionär?" Hatten Sie überhaupt schon einmal die Idee, einen Millionär persönlich anzusprechen?

Haben Sie Angst davor? Oder fehlt Ihnen der Mut? Warum, glauben Sie, gibt es dieses deutsche Wort – Armut? Schauen Sie es genau an:

ARMUT = ARM an MUT.

Die meisten Menschen haben allenfalls den Mut, zum Kiosk zu gehen und Lotto zu spielen. Sie hoffen, auf diese Weise endlich Millionär zu werden. Dabei betrügen sie sich nur selbst. In Amerika würde man sagen: *Get real!* Das bedeutet: Sehen Sie den Tatsachen ins Auge! Aber Tatsache ist doch, dass es so wenige Millionäre gibt! Also muss es doch schwierig sein, ein Millionär zu werden, oder ...? Was für ein Trugschluss!

Dass die Menschen immer wieder Irrtümern, Trugschlüssen und falschen Glaubenssätzen zum Opfer fallen, zeigt die Historie. Ein Beispiel: Es ist noch gar nicht so lange her, da glaubten die Menschen, die Erde sei eine Scheibe. Sie segelten deshalb nicht mit dem Schiff weit aufs Meer hinaus. Sie fürchteten, an der Kante ins Nichts zu stürzen. Christoph Kolumbus hatte den Mut, neues Wissen umzusetzen. Er wollte beweisen, dass die Erde eine Kugel sei, auf der man auch in „entgegengesetzter" Richtung nach Indien segeln könne. Er analysierte die Fakten und sah den Tatsachen ins Auge. Er hatte es zwar nicht leicht, das Kapital für die Reise aufzubringen, da die Mehrheit ja glaubte, die Erde sei flach. Doch er gab nicht auf! So kam es, dass er auf dem Weg nach Indien Amerika entdeckte.

Sehen auch Sie den Tatsachen ins Auge! Sie können Millionär werden. Ja, es funktioniert! *Just get real!* Befassen Sie sich endlich damit, wie es funktioniert. Übernehmen Sie die Verantwortung für sich selbst!

Warum ich mich hier so weit aus dem Fenster lehne? Nun, ich bin den Weg gegangen. Mein Urgrossvater war Knecht auf einem Bauernhof, mein Grossvater Briefträger, und mein Vater war, wie man so sagt, ein „kleiner Beamter." Ich habe zuhause Armut kennen gelernt. Ich bin durch finanzielle Täler gegangen. Ich habe nahezu alle Fehler gemacht, die man machen kann. Und ich hatte Schulden in Millionenhöhe.

Aber alles ist kein Problem, wenn man weiter lernt. Sie können hinfallen, so oft Sie wollen. Wenn Sie gelernt haben, wieder aufzustehen, ist es egal, wie oft Sie fallen. Man kann es auch anders ausdrücken: Es ertrinkt keiner, weil er ins Wasser gefallen ist, sondern nur, weil er drin bleibt und nicht anfängt zu schwimmen! So kommt es nicht so sehr darauf an, was uns passiert, sondern mehr darauf, wie wir auf das Ereignis reagieren!

So können wir aus unseren Fehlern lernen oder unter ihnen leiden. Also, von unserer Reaktion hängt es ab, was wir aus einem sogenannten Fehlschlag lernen. Wenn schon etwas schiefgegangen ist, dann freuen wir uns am besten über die Chance, daraus zu lernen.

Ich habe mein heutiges Wissen und Können nicht nur meinen Fehlern zu verdanken (aus Fehlern wird man klug, drum ist einer nicht genug!), sondern insbesondere den vielen Mentoren, die mich auf meinem Weg begleitet haben. Ich habe viel Geld für Rat und Coaching ausgegeben. Das war gut investiert und hat grosse Früchte getragen.

Dr. Demartini, einer dieser Mentoren, berichtete mir zum Beispiel von einem Abendessen mit einem Milliardär. Während des Essens, einfach so im Gespräch, liess der Milliardär 15 (!) Ideen fallen, wie man eine Million macht. Einfach so nebenbei. Unglaublich? Wenn ich dies im Vortrag oder der Beratung erzähle, halten es viele für unglaublich. Aber es ist wirklich ganz einfach, als Milliardär 15 Millionen-Ideen in einem nur zweistündigen Gespräch zu haben:

Milliardär zu sein bedeutet, mindestens 1.000 Millionen zu besitzen. Wenn also ein Milliardär eine Idee hat, wie man eine Million macht, so ist dies für ihn eine Idee für ein Tausendstel seines

Vermögens. Eine Idee für ein Tausendstel des Vermögens zu haben, ist nicht schwer. Das können Sie auch! Stimmt's? Prüfen Sie es mal gleich selbst. Üblicherweise geht es leicht. Wie viel Vermögen haben Sie? Wie viel ist ein Tausendstel davon? Können Sie eine Idee kreieren, wie man diesen Geldbetrag macht? Natürlich können Sie das – immer.

Oder anders gefragt: Wie hoch war Ihr erstes Taschengeld? Hatten Sie damals gleich eine Idee, wie Sie aus Ihrem ersten Taschengeld den 10fachen Betrag machen könnten? Wohl kaum. Um in den Besitz des 10fachen Betrages zu kommen, mussten Sie eine andere Bewusstheitsebene erreichen. Seit der Kindheit haben Sie sich natürlich weiterentwickelt. Schule, Ausbildung, Beruf – Ihr Einkommen ist gestiegen. Nun ist es für Sie eine Kleinigkeit, den 10fachen Betrag des Taschengeldes zu verdienen. Sie sind heute auf einer anderen Bewusstseinsebene.

Was veranlasst uns, so zu staunen, wenn wir die Geschichte vom Milliardär mit den 15-Millionen-Ideen hören? Es ist nur die mit der Million verbundene Emotion, die es uns so unglaublich erscheinen lässt. Womit hängt das zusammen? Wenn Sie sich auf einer bestimmten Ebene des Bewusstseins befinden, fällt es Ihnen leicht, die Ebenen darunter zu verstehen. Die Ebenen darüber sind ihnen noch fremd. Diese können Sie sich nur durch eine Bewusstseinserweiterung erschliessen. Es ist wie in der Schule. Wenn Sie schon einige Klassenstufen hinter sich haben, können Sie die Schüler verstehen, die in niedrigeren Klassen sind. Die Schüler in den höheren Klassen sprechen über Schulstoff, den Sie noch nicht verstehen. Doch für die Schüler in den höheren Klassen erscheint es leicht, Sie zu beeindrucken.

Übersetzt in Geld bedeutet das: Von Ihrem jetzigen Einkommens- oder Vermögensstand aus ist es für Sie leicht, niedrigere Einkommensstufen zu erreichen. Das Erreichen höherer Einkommensstufen erscheint Ihnen hingegen schwer. Dabei sind Sie schon einen Teil des Weges gegangen. Sie haben sich bis heute nur noch nicht bewusst gemacht, dass Sie in der Lage sind, Stufen zu klettern. Also, es geht jetzt darum, weiter aufzusteigen im Finanzbewusstsein.

Allerdings: Wenn wir jemandem zuhören, der auf der nächsten Stufe ist, dann verstehen wir ihn oft nicht. Wir sprechen nicht die gleiche Sprache, vor allem aber fehlt uns das Bewusstsein. Kennen Sie diesen Satz: „Heute verstehe ich, was meine Mutter damals gemeint hat"?

Es ist wie beim Erlernen einer Fremdsprache. Man paukt monatelang Vokabeln und hat doch das Gefühl, das wird nie etwas. Aber dann plötzlich kommt der Durchbruch. Man versteht die fremde Sprache und fängt an, sie zu sprechen. Bis zu diesem Punkt gilt es durchzuhalten. Es ist immer nur eine Frage der Zeit, bis Sie die neue Sprache sprechen. Wichtig ist, dass Sie nicht nur Informationen sammeln, sondern auch aktiv werden, in diesem Beispiel also die neue Sprache sprechen. Denn etwas wirklich zu verstehen, bedeutet, dass das Wissen mit Erfahrung gepaart wird. Erfahrung kann nicht so einfach angelesen werden, dazu müssen wir etwas erleben.

Warren Buffett drückt es so aus: „Kannst Du wirklich einem Fisch erklären, wie es ist, auf Land zu laufen? Ein Tag auf dem Land ist mehr wert als tausend Jahre, es zu erklären."

Wie lange Sie brauchen, bis Sie die Sprache des Geldes verstehen und sprechen, weiss ich nicht. Ich weiss nur, dass Sie es können, wenn Sie wirklich wollen.

Ich weiss auch, dass es zu einem Grossteil am Lehrer liegt, wie leicht wir lernen. Bei meinen Vorträgen und in Consultings sagt man mir immer wieder, dass ich die Dinge so erklären kann, dass sie jeder versteht. Nun, wenn wir uns persönlich gegenüberstehen, kann ich Sie sehen, kann hinterfragen, ob Sie es verstanden haben, oder Sie können mich direkt fragen. Mündlicher Unterricht ist anders als Unterricht per Buch. Zudem bin ich kein gelernter Schriftsteller. Darum hatte ich zunächst eine Journalistin, die an einem meiner Seminare teilgenommen hatte, gebeten, mit mir dieses Buch zu schreiben. Unser Ziel war es, ein Buch zu verfassen, das auch ohne finanzielles Hintergrundwissen verständlich ist, Ihnen die Millionaire Spirit Basics vermittelt und es Ihnen ermöglicht, tiefere Schichten Ihres Bewusstseins zu erreichen. Doch ich musste feststellen, dass sie zwar gut formulieren konnte, aber die Themen nicht in der Tiefe verstand. Es war wie oben beschrieben nicht einfach, einen Bewusstseinsstand zu vermitteln, auf dem sie selbst noch nicht war. Es hilft halt nicht viel, dem „Fisch" zu erzählen, wie es an Land ist.

So habe ich mir dann doch die Zeit nehmen müssen, alles selbst zu schreiben. Daher dauerte der Prozess insgesamt länger als geplant. Aber es hat mir nochmals gezeigt: „Abkürzungen gibt es nicht." Manche Dinge muss man selber tun, und einmal ist keinmal!

Dies bedeutet für diejenigen, die wirklich die Absicht haben, Millionär zu werden und die Informationen in diesem Buch zu nutzen, um den Weg dahin schneller zu gehen: Sie sollten sich Zeit nehmen für den Text und insbesondere für die Übungen. Wenn Sie den Text schnell überfliegen, wissen Sie vielleicht am Schluss, was im Buch steht. Das bedeutet aber noch lange nicht, dass Sie alles verstanden, in der Tiefe der Bedeutung für Sie selbst begriffen haben.

Lesen Sie das Buch öfters! Und machen Sie die empfohlenen Übungen gewissenhaft! Es geht hier nicht um gute Noten. Es ist kein Test für irgendeinen Lehrer.

Es geht um Sie! Seien Sie gewissenhaft und voller Neugier, sich selbst neu zu entdecken. Legen Sie den Millionär in Ihnen frei!

Im Mittelpunkt meiner Vorträge und Beratungen steht oft das Thema Geldbewusstsein. Denn die Änderung Ihres Geldbewusstseins ist Voraussetzung für dauerhaften Reichtum. Ich erwähnte es schon, die meisten Lottomillionäre verlieren ihr Geld wieder, weil ihnen eben dieses Bewusstsein fehlt. Und ich möchte, dass Sie einmal Erreichtes behalten und mehren können.

Ich wünsche Ihnen viel Freude bei der Erweiterung Ihres „Millionär-Bewusstseins." Und ich danke Ihnen. Je mehr Menschen die Verantwortung für die eigenen Finanzen übernehmen, umso besser ist es für die Allgemeinheit. Sie tun etwas Gutes, wenn Sie der Allgemeinheit nicht zur Last fallen müssen. Und es macht Spass, finanziell unabhängig zu sein.

Arbeiten Sie in Zukunft nicht mehr allein wegen des Geldes, sondern insbesondere für Ihre persönliche Erfüllung. Ihr Beruf sollte wieder Ihrer Berufung entsprechen. Nur dann können Sie ein reiches und erfülltes Leben führen! Viel Freude dabei wünscht Ihnen

Ihr
Wolfgang G. Sonnenburg

„Lernen ist kein Zwang ... Überleben auch nicht."
— W. Edwards Deming (1900-1993)

Vorneweg noch dies

Millionaire Spirit ist der Titel sowohl für dieses Buch als auch für Vorträge und Beratungen, die ich zum Thema der finanziellen Unabhängigkeit anbiete. Wie man es sich beim Wort „Millionaire" leicht vorstellen kann, geht es darum, Geld und Materie so zu verstehen, dass man unbeschwert damit umgehen kann und Geld uns in dem gewünschten Umfang zur Verfügung steht. „Spirit" verweist auf Geist und Bewusstsein. Damit meine ich nicht nur das Bewusstsein, wie man beim Abendessen 15 Ideen für einen Millionenverdienst entwickeln kann, sondern es geht um viel mehr: Wie unser bewusstes Menschsein funktioniert, wie Materie und Geist oder Materie und Spiritualität unter einen Hut gebracht werden können.

Bisher haben wir mehrheitlich die Vorstellung, Reichtum und insbesondere grosser Reichtum könne nur gelingen, wenn wir etwas emotional Unbefriedigendes machen, nach dem Motto: „Reich wird man nur auf kriminellem Weg." Umgekehrt sei man nur dann gut und edel, wenn man arm ist. Und unsere Gesellschaft bezahlt auch zum Beispiel Krankenschwestern schlechter als „Dschungelmoderatoren." Es geht mir nicht darum, irgendetwas oder irgendjemanden anzuklagen. Es geht darum, die Fakten genauer unter die Lupe zu nehmen und dann in Eigenverantwortung die persönlichen Angelegenheiten so zu regeln, dass die gewünschten Ziele erreicht werden; dass jeder auch im finanziellen Bereich lernt, besser vor der eigenen Türe zu kehren – und dies dann auch tut.

Die Vorstellung, persönlicher Erfolg müsse immer auf Kosten eines anderen geschehen, ist falsch. Sie ist und bleibt falsch, auch wenn wir in einer Gesellschaft leben, in der das *Win-Lose*-Prinzip vorherrscht und wir nicht wirklich gelernt haben, *Win-Win*-Beziehungen zu leben. Ich werde in diesem Buch auch nicht auf „Verschwörungstheorien" eingehen, die Thesen, dass einige Banker über Zentralbanken die Staaten und Bürger kontrollieren, um so zur Weltherrschaft zu kommen. Auch auf Crash-Szenarien will ich hier nicht eingehen.

Ich will Basics vermitteln, ich will deutlich machen, dass Geld allein nicht die Lösung von Geldproblemen ist. Man kann ja nicht oft genug darauf hinweisen, dass Lottomillionäre ihr Geld wieder verlieren. Dass vererbte Firmen in der zweiten, dritten Generation kaputt sind. Dass die Einführung der Sozialhilfe die Zahl der Sozialhilfeempfänger nicht verringert hat. Das Gegenteil ist der Fall! Aber was läuft falsch? „Man muss doch helfen dürfen?" sagen viele, aber ist dieser Weg der richtige? Die aktuelle Sozialhilfe zum Beispiel ist ein Helfen *in* der Not und nicht ein Helfen *aus* der Not. Hilfe, die keine Hilfe zur Selbsthilfe ist, wird das Leid immer vergrössern, wie ich es später noch hinsichtlich der Wirkung des Gesetzes der Anziehung erläutern werde. So heisst es ja auch schon immer: „Hilf Dir selbst, dann hilft Dir Gott."

So nehme ich auch in Kauf, dass einige Menschen, nachdem sie erkannt haben, was möglich ist, das „Pendel" zunächst zu weit in die andere Richtung ausschlagen lassen und der Fokus des Lebens für eine Zeit nur noch auf „Geld machen" liegt, sie dabei vielleicht sogar der Gier verfallen. Manchmal müssen wir halt lange Aufgestautes und Verdrängtes dadurch lösen, dass wir in das andere Extrem verfallen. Wichtig ist, dass das Pendel sich dann wieder in die Mitte bewegt. Und durch Fehler lernt man dies dann schnell.

Ich will in diesem Buch grundlegende Erkenntnisse vermitteln, die meist übersehen und nicht gelebt werden. Es lohnt nicht, sich in Finanzkonstruktionen zu verlieren, wenn die Basics nicht beherrscht werden. Aber leider leben wir meist anders. Auch ich habe angefangen, mich mit „Börsen-Chinesisch" auseinanderzusetzen und glaubte viele dieser Fremdwörter wie Derivate, Futures, Optionen, Puts, Calls, long, short etc. lernen zu müssen. Alles Quatsch, wenn die Basics nicht stimmen. Ich werde später darauf eingehen, dass die Meister dieser Sprache, Analysten und Journalisten mit ihrem tollen Wissen, zu über 90% danebenliegen und auch keine Millionäre geworden sind. Aber sie beeindrucken uns mit diesem „Wissen" und haben es geschafft, dass wir ihnen glauben und folgen. Da sind wir dann wie die Lemminge.

Von der Wall Street sagt man nicht ohne Grund, dies sei „der einzige Platz auf der Welt, wo Rolls-Royce-Besitzer sich von Menschen beraten lassen, die mit der U-Bahn zu Arbeit kommen."

Ich hatte also gedacht, ich müsse alle diese komplizierten Dinge lernen. Leider hatte ich schon viel Zeit und Geld verloren, als ich es endlich verstand, worum es ging. Aber, und dies ist für Sie nun ganz wichtig, egal wann Sie im Leben die richtigen Informationen bekommen, egal wie viele „Fehler" Sie bis dahin gemacht haben, nehmen Sie die neuen Erkenntnisse mit Freude an. Es ist nie zu spät. Nie! Leider erlebe ich auch immer wieder Menschen, die sich die Fehler aus der Vergangenheit nicht eingestehen, sie nicht anschauen wollen. Mit der Folge, dass sie auch weiterhin immer wieder dieselben Fehler machen.

„Wer einen Fehler gemacht hat und ihn nicht korrigiert, begeht einen zweiten."
— *Konfuzius*

Jetzt nenne ich Ihnen einige fundamentale Wahrheiten, die ich erst nach Jahren der Beschäftigung mit Kapitalanlagen wirklich begriffen hatte. Bitte lachen Sie nicht. Es sind so banale Erkenntnisse, aber ich weiss, dass kaum einer danach lebt. Alle streben wir nach dem Superdeal oder trauen uns gar nicht, überhaupt irgendetwas zu tun.

Also, hier nun drei der einfachen Supertipps:

1. Reich wird man durch: Weniger ausgeben, als man einnimmt!

Mehr braucht es eigentlich nicht. Wer sich daran hält, wird wohlhabender. Aber wir leben nicht danach.

2. Reich wird man durch: Behalten!

Logisch, aber achten wir wirklich darauf, wohin unser Geld geht, oder ob es nicht doch bei uns bleiben könnte?

3. Reich wird man durch: Einkaufen unter Wert!

Auch logisch, wenn ich für etwas weniger bezahle als den Wert, den es hat, verliere ich nicht nur kein Geld, sondern habe auch die Möglichkeit, mit Gewinn zu verkaufen.

Warren Buffet ist mit diesen Regeln der zweitreichste Mann auf diesem Planeten geworden und der erfolgreichste Investor aller Zeiten. Er sagt dazu:

> „Ich finde es auffallend, dass der Gedanke, einen Dollar für 50 Cent zu kaufen, bei einem Menschen entweder sofort einschlägt oder gar nicht. Das ist wie bei einer Schluckimpfung. Wenn sie bei einem Menschen nicht sofort anschlägt, kann man meiner Erfahrung nach jahrelang mit ihm reden und ihm Zahlen vorlegen, ohne dass das etwas bewirkt."

Wenn wir fundamentale Prinzipien nicht berücksichtigen, dann bringt uns alles Wissen, die beste Kapitalanlage auf Dauer nichts. Wir sind dann wie die Lottomillionäre, die mal etwas hatten, aber es wieder verloren. Es ist wie bei dem Bau eines Hochhauses. Wer ein wirkliches grosses Haus bauen will, muss sich lange beim Fundament aufhalten.

Deshalb gebe ich Ihnen in diesem Buch keine Geldanlage vor, sage Ihnen nicht, wie Sie sich auf einen Crash vorbereiten sollen und so weiter. Ich will, dass Sie die Grundprinzipien erkennen, verstehen und danach handeln. Dann können Sie darauf Ihr „Traumhaus" bauen, und dies meine ich im doppelten Sinne.

Ohne das Verständnis und die Einhaltung der Grundprinzipien werden Sie bestenfalls kurze Zeit Glück haben und dann wieder alles verlieren. Aber genauso wichtig ist auch: Wenn Sie nach den Prinzipien handeln, diese aber nicht verstehen, dann können Sie das Wissen auch nicht an Ihre Kinder weitergeben. Und wie viele Menschen sagen: „Meine Kinder sollen es mal besser haben." Was aber machen diese Menschen? Sie darben im eigenen Leben und geben den Kindern „nur" Materie. Ohne die Kenntnis der Grundprinzipien verlieren die Kinder das Erhaltene aber wieder. Ergebnis: Beide Generationen können keinen dauerhaften Wohlstand und finanzielle Freiheit geniessen.

Obwohl ich dafür eintrete, dass jeder finanziell unabhängig werden sollte, möchte ich jedoch auch deutlich sagen: Geld ist nicht alles. Ich habe noch nie gehört, dass jemand auf dem Sterbebett gesagt hat: „Hätte ich doch bloss ein paar mehr Millionen mehr gemacht."

Daraus folgt leider allzu leicht der Umkehrschluss, man solle Geld nur ja nicht so wichtig nehmen. Das ist aber Unsinn. Es geht eben nicht um ein „entweder oder," sondern um das „sowohl als auch." Spiritualität und Reichtum schliessen sich nicht aus. Ganz im Gegenteil.

Nachfolgend einige Worte von Yogi Bahjan, dem geistigen und weltlichen Führer des Urspung-Yogas Kundalini, der „Mutter" aller Yogaarten. Er verliess Indien, um sich im Westen (Neu-Mexiko) niederzulassen, von wo aus sich Kundalini-Yoga auch in der westlichen Welt verbreitete:

„Entschuldige dich nicht für dein Verlangen, reich zu sein; es ist ein göttliches Verlangen, dem ein göttlicher Ausdruck verliehen werden sollte. Die schockierende Wahrheit in Bezug auf Reichtum besteht darin, dass es schockierend richtig und nicht schockierend falsch ist, reich zu sein.

Du solltest reich sein; du hast kein Recht, arm zu sein.

Dein Angebot entspricht deiner Nachfrage.

Es gibt keinen Mangel an Angeboten, nur einen Mangel an Nachfrage.

Niemand kann dich beschränken. Wenn du dich beschränken willst, kannst du es tun. Ansonsten stehen dir alle Ressourcen der Welt zur Nutzung zur Verfügung.

Visualisiere soweit du dir vorstellen kannst, wie du empfängst, und erhebe dann einen positiven Anspruch auf diese Visualisierung.

Erfolg liebt eine Wohlstandshaltung.

Ein Gedanke über Reichtum ist machtvoller als 1000 Gedanken zum Misserfolg.

Ein Misserfolg ist nur ein Schritt auf dem Weg zu deinem Erfolg.

Triff eine kluge Wahl, beharre auf deinem Erfolg und nicht auf deinen Misserfolgen.

Dankbarkeit öffnet die Tür zum Überfluss.

Die Bezahlung von Schulden ist eine der Hauptvoraussetzungen, um reich zu werden.

Die einfache Wahrheit ist, dass du anfangen musst zu geben, bevor du anfangen kannst zu empfangen. Darin besteht die Natur der Welt, in der wir leben.

Wahrhaft grosse Reichtümer wurden nicht durch das Horten von Geld empfangen, sondern dadurch, dass das Geld zirkuliert.

Denke nur wohlstandsorientiert und denke in grossen Massstäben."

— Yogi Bahjan, Renew to be New, 1989

Wir Menschen sind auf der Welt, um ein glückliches Leben zu führen. Und dazu gehört auch, dass wir genügend Geld zur Verfügung haben, um unsere Träume und Ziele verwirklichen zu können.

Die Religionen sind nicht dagegen, dass wir Geld und Wohlstand besitzen, sondern nur, dass wir es zu unserem „Gott" machen. Die Anbetung des Geldes ist die Wurzel allen Übels, nicht das Geld selbst!

Mit Hilfe des vorliegenden Buches können Sie beginnen, Geld zu haben, das für Sie arbeitet. Die Statistik sagt jedoch, dass lediglich 5% der Menschen, die ein Buch kaufen, es auch von vorne bis hinten durchlesen. Machen Sie es anders. Lesen Sie es nicht nur öfters, sondern machen Sie auch die vorgeschlagenen Übungen. Nur so lernt der „Fisch" schneller, wie es ist, auf dem Land zu sein!

Dafür habe ich dieses Buch geschrieben. Es soll Sie dazu inspirieren, die eigenen Möglichkeiten zu erkennen und auszuloten. Es richtet sich an alle, die ihren Traum von Reichtum und Wohlstand verwirklichen wollen. Ob Geschäftsmann, Busfahrer, Handwerker,

Ingenieur, Sekretärin, Krankenschwester, Hausfrau, Student: Es ist für jeden, der zum Mitschöpfer seines eigenen Schicksals werden und das Puzzle seines Lebens neu zusammensetzen will. Denn jeder trägt die Fähigkeit in sich, all die Dinge zu erreichen, von denen er bisher nur geträumt hat. Vielleicht schauen Sie einmal auf traeume-ziele-wirklichkeit.de, dort können Sie sich gratis für einen E-Mail-Kurs mit den Basics registrieren, der Ihnen hilft, sich Ihren wirklichen Träumen (wieder) anzunähern.

Letztlich ist es die Entscheidung jedes Einzelnen, ob er sein Schicksal in die Hand nimmt oder andere über sich bestimmen lässt. Jeder Mensch ist für das verantwortlich, was er ist. Wie sagt doch der Volksmund: Jeder ist seines Glückes Schmied. Erfolg und Reichtum sind keine Dinge, die man irgendwo findet. Man kann sie auch nicht kaufen oder von jemandem borgen. Vielmehr muss man sie selbst kreieren.

Die amerikanische Schriftstellerin Mary McCarthy (1912-1989) hat es besonders treffend formuliert:

> *„Es geht im Leben nicht darum, sich zu finden. Es geht darum, sich selbst zu kreieren."*

„Unser Leben ist das, was wir mit unseren Gedanken daraus machen."
— *Marc Aurel (römischer Kaiser, 121-180 n. Chr.)*

Einstellung zum Geld

Weshalb lesen Sie dieses Buch? Wie lange wissen Sie schon, dass es Millionäre gibt? Oder ist es wirklich neu für Sie, dass manche Menschen in Reichtum und Fülle leben? Viele Buchautoren versprechen, sie hätten das Geheimnis wahren Reichtums gelüftet. Ich gehöre nicht dazu. Denn in gewisser Weise kann ich Ihnen auch nichts Neues sagen. Es gibt nichts Neues. Aber ich kann Ihnen das Know-how liefern, wie Sie Gestalter Ihres eigenen Schicksals werden. Von mir werden Sie erfahren, was Geld ist und wie Sie mehr davon anziehen können. Und ich sage Ihnen, wie wichtig die Rolle des Unterbewusstseins für Ihren Erfolg ist.

Bestimmt haben Sie schon eine dieser Floskeln gehört: „Geld ist nicht alles," „Geld ist nicht wichtig" oder „ich kümmere mich nicht um Geld." Wer immer so spricht, ist aller Wahrscheinlichkeit nach pleite. Zumindest verfügt er über nicht viel Geld. Solche Menschen suchen Rechtfertigungen für sich selbst, weil sie nicht genau wissen, wie man es anstellt, zu Geld zu kommen.

Zudem gibt es ein universelles Gesetz: Alles, was Sie in Ihrem Leben nicht schätzen, verschwindet wieder. Wie lange würden Sie bei Ihrem Partner bleiben, wenn dieser ständig sagen würde: „Du bist mir nicht wichtig." Das Paradoxe ist, dass gerade diejenigen, die behaupten, Geld sei nicht wichtig, die meiste Zeit ihres Lebens damit verbringen, für Geld zu arbeiten. Meist haben sie eine Arbeit, die alles andere als eine Erfüllung ist. Warum also arbeiten sie für Geld, wenn Geld angeblich nicht so wichtig ist?

Bitte befreien Sie sich als erstes vom dem Irrglauben, dass Geld nicht wichtig ist. Für jeden, der in einer zivilisierten Gesellschaft lebt, hat Geld eine enorme Bedeutung. Und es hat wenig Sinn, darüber zu streiten, ob es etwas Wichtigeres gibt. Nichts wird Geld jemals in den Bereichen ersetzen, in denen es seine Berechtigung hat. Managementtrainer Zig Ziglar meint dazu:

„Geld ist zwar nicht das Wichtigste in meinem Leben, aber es kommt gleich nach dem Sauerstoff, den ich einatme."

Deutlicher kann man es nicht ausdrücken.

Geld ist auch nichts Schlechtes oder von Übel. Genau genommen ist es weder gut noch schlecht, sondern neutral. Es hängt von uns ab, was damit geschieht. Es ist wie mit einem Messer. Mit einem Messer kann man Menschen töten oder Leben retten. Genauso ist es mit Geld.

Oft hört man auch Leute sagen: „Geld macht nicht glücklich." Um mit einem alten Missverständnis aufzuräumen: Geld hat nicht die Aufgabe, glücklich zu machen. Es kann gar nicht glücklich machen. Sie sollten sich glücklich fühlen, egal, wie viel Geld Sie auf dem Konto haben. Glücklich sein ist eine Empfindung tief im Inneren und hat nichts mit Besitz zu tun. Wenn Sie also Geld haben wollen, um glücklich zu sein, sind Sie auf dem Irrweg.

Aber Geld erlaubt uns, ein Leben zu führen, wie wir es wünschen. Denn Geld gibt uns die Möglichkeit, ein schönes Heim zu haben, Kindern ein Studium zu finanzieren, Reisen in ferne Länder zu machen oder Menschen zu helfen, die weniger Geld haben.

Insoweit hat der Dichter Wilhelm Busch schon Recht, wenn er sagt:

„Ach, reines Glück geniesst doch nie,
wer zahlen soll und weiss nicht wie."

Ein anderer Irrtum, der weit verbreitet ist, lautet: Reichtum ist Glückssache. „Er hatte einfach Glück," „Er war zur richtigen Zeit am richtigen Ort" – wer kennt diese Sprüche nicht?! Doch finanzieller Erfolg hat in den seltensten Fällen etwas mit Glück zu tun. Geld ist ein Ergebnis und muss verdient werden. Denn es gibt im Leben nichts umsonst.

Die Vorstellung, dass man nur durch harte Arbeit reich werden kann, ist ein Irrglaube. Machen Sie sich frei davon! Durch harte Arbeit allein ist noch niemand reich geworden, und wer durch Glück oder Zufall zu Geld kommt, verliert es meist ebenso schnell wieder.

Die Schule bietet leider keine ausreichende Vorbereitung auf das wirkliche Leben. „Lerne fleissig, damit du gute Noten schreibst. Wenn du keine guten Noten hast, wirst du keine gute Stelle bekommen! Wenn du keine gute Stelle hast, wie willst du dann Geld verdienen?" Sind Ihnen diese Sprüche unserer Eltern und Grosseltern auch noch im Ohr? Heute sind eine gute Ausbildung und gute Noten keineswegs mehr eine Garantie für beruflichen Erfolg – doch kaum jemand scheint dies wirklich wahrhaben zu wollen. Wenn es stimmen würde, müssten doch viel mehr Menschen finanziell richtig erfolgreich sein. Früher bot ein Arbeitsplatz existentielle Sicherheit. Die Menschen konnten sich auf ein stetes Einkommen verlassen. Doch der vermeintlich sichere Job ist im 21. Jahrhundert längst zum Auslaufmodell geworden. Die Zeiten haben sich geändert. Heute können viele Unternehmen ihren Arbeitnehmern keine Sicherheit mehr bieten – und es ist ein grosser Fehler, vom Gegenteil auszugehen.

Und was macht die Schule? Sie erzieht unsere Kinder von jeher ausschliesslich zu Arbeitnehmern, zu Facharbeitern und Angestellten. Unternehmerisches Wissen? Fehlanzeige. Dieses wird ebenso wenig unterrichtet wie finanzielles Know-how. Im Klartext bedeutet das: Die Ausbildung, die das Schulsystem bietet, bereitet unsere Kinder nicht ausreichend auf die Welt vor, in der sie Erfolg haben sollen. Vielmehr benötigen sie eine Extra-Ausbildung, besser noch eine andere Art von Ausbildung. Sie müssen andere Regeln kennen lernen. Die Regeln, nach denen die Reichen spielen. Es geht doch im Leben nicht nur um Fachwissen, sondern insbesondere auch um Erfolgswissen: Wie setze ich mein Wissen erfolgreich in die Praxis um? Die Vorstellung, durch gute Noten allein eine gute Stelle zu bekommen, ist überholt. Um es mit den Worten von Robert T. Kiyosaki zu sagen:

> „Die Menschen lernen, für Geld zu arbeiten. Aber sie lernen nie, Geld zu haben, das für sie arbeitet."

Und so hat uns die Schule mindestens mit einer falschen Einstellung zu Geld allein gelassen, wenn nicht sogar diese „Fehlleitung" programmiert.

Was also ist Geld? Earl Nightingale erklärte es so:

> „Geld ist die Ernte, die wir mit unserer Produktion einholen. Geld ist das, was wir für unsere Produkte und Dienstleistungen erhalten und dazu verwenden können, Produkte und Dienstleistungen von anderen Menschen zu erwerben."

Mit anderen Worten: Geld ist die Belohnung für unsere Leistungen. Seit 700 v. Chr., als in Kleinasien die ersten Münzen geprägt wurden, hat es die Funktion eines Tauschmittels.

Die Menge an Geld, die ein Mensch zur Verfügung hat, steht in direktem Verhältnis zu dem, was er tut. Hoch qualifizierte Menschen verdienen in unserer Gesellschaft in der Regel mehr Geld als Menschen, die weniger Kenntnisse mitbringen und leicht zu ersetzen sind. Das soll nicht bedeuten, dass die einen besser sind und die anderen schlechter. Aber Fakt ist, dass ein Chirurg mehr verdient als ein Liftboy. Der Chirurg hat Jahre gebraucht, um sich die notwendigen Fähigkeiten für seinen Beruf anzueignen, ein Liftboy lernt innerhalb einer Stunde alles, was er für seinen Job wissen muss. Um es auf den Punkt zu bringen: Bei der Höhe des Einkommens spielt immer Nachfrage, Qualifikation und Angebot eine entscheidende Rolle. Und wie ersetzbar die Person bzw. die Position ist. Wie wir wissen, gibt es heute kaum noch Liftboys.

Darum ist die Vorstellung, man könnte dauerhaft Geld bekommen, ohne einen Gegenwert zu liefern, absurd. Es funktioniert nicht. Ihr Lohn wird immer Ihrem Service entsprechen. Sie bekommen genau das, was Sie verdienen. Manche Leute vertreten die Einstellung: „Warum soll ich mich für das Geld, das ich bekomme, mehr anstrengen als notwendig?" Wer so denkt, begreift nicht, dass er seinen Wert als Person steigern muss, wenn er sein Einkommen steigern will. Wer beruflich auf dem Niveau bleibt, auf dem er ist, wird nie den Lohn erhalten, den er sich wünscht. Bei Nightingale heisst es:

„Eine Person, die sich weigert, mehr zu tun als das, wofür sie bezahlt wird, wird selten für mehr bezahlt werden als für das, was sie tut."

Und schon Jesus sagte: „An den Früchten sollt Ihr sie erkennen!" Dennoch haben die meisten Menschen keine Ahnung, wie die Gesetze des Geldes funktionieren. In unserer Gesellschaft ist es möglich, einen Hochschulabschluss oder gar einen Doktortitel zu haben, ohne jemals etwas darüber zu lernen, wie man reich wird. Wie viele Taxifahrer gibt es mit Doktortitel?

Die meisten Menschen sind Arbeitnehmer und meinen zu wissen, wie man Geld verdient. Was für ein Trugschluss! Die Wahrheit ist, dass sie mit ihrem Gehalt in der Regel nur ihre Existenz sichern. Sie sind nicht in der Lage, Rücklagen zu bilden oder sich etwas Aussergewöhnliches zu leisten. Zudem leben sie in völliger Abhängigkeit von ihrem Arbeitgeber. Meine persönliche Meinung dazu mag manchen zu radikal erscheinen, trotzdem stehe ich dazu. Denn in meinen Augen ist ein Mann kein wirklicher Mann, wenn er nicht in der Lage ist, selbstständig seine Familie zu ernähren.

Machen Sie sich bewusst, dass es nur drei „Möglichkeiten" gibt, Geld zu verdienen.

Möglichkeit 1 wird von ca. 96% der Bevölkerung genutzt: Zeit gegen Geld tauschen.

So bin auch ich in eine Familie geboren worden, bei der alle dies machten, Vater, Onkel, Grossvater, selbst in dem Haus, in dem ich wohnte, tauschten alle ihre Zeit, meist 40 Stunden pro Woche, gegen einen festen Stundensatz. Und wie ging es weiter?

Meine Ausbilder – Kindergärtnerin, Lehrer und Professor – alle tauschten Zeit gegen Geld. Und wenn mein Vater sagte: „Gehe zur Universität, damit du es mal besser hast als ich!," meinte er nur: damit du später mal „besser tauschen" kannst als ich.

Also wurde ich von klein auf darauf geprägt, dass es da andere gibt, die das Geld haben, und dass ich etwas für diese Menschen tun muss, nämlich das, was sie mir auftragen. Und je braver ich dies mache, umso sicherer ist meine Position.

Aus dieser Haltung heraus bleibt man ein Leben lang in Abhängigkeit. Daher sieht man auch immer wieder, dass diese Menschen, wenn ihr Geld knapp wird, ihren Lebensstandard senken, anstatt ihr Einkommen zu erhöhen. Aber die Möglichkeit, höhere Einkommen selbst zu kreieren, ist aus dieser Haltung heraus nicht vorgesehen. Diese Menschen bleiben Opfer von „Markt," Arbeitgebern (denjenigen, die bereit sind, unsere Zeit gegen etwas einzutauschen) und der Regierung, die uns hoffentlich bei Arbeits- bzw. „Tausch"losigkeit und im Ruhestand füttert.

Jeder sollte sich allerdings darüber im Klaren sein, dass das Ergebnis im „Tauschgeschäft" natürlich davon abhängt, was, aber auch wie viel ich anbieten kann. Und mein Angebot von Zeit ist immer limitiert. Ich kann es nicht endlos vergrössern. Irgendwann muss ich ja mindestens mal schlafen. Also, ist doch klar: Wenn mein Einsatz limitiert ist, dann ist auch das Tauschergebnis limitiert.

Und wir merken heute alle, dass der Glaube an die dauerhafte Versorgung durch Arbeitgeber und Staat eine Illusion war und bleibt. Um es deutlich zu sagen: Unser jetziges Sozialsystem ermöglicht keine Langlebigkeit für alle. Es kann nicht finanzieren, dass alle Bürger 100 Jahre oder älter werden. Es gibt sogar Thesen, dass das Gesundheitssystem nicht wirklich zugunsten der Gesundheit der Bürger reformiert werden könne, da dann die Rentenkassen noch mehr leiden würden. Der Bürger, der lange leben möchte, sollte sich dann auf der anderen Seite nicht darüber beklagen, wenn das Rentenalter angehoben wird.

Schauen Sie sich mal Ihr Gespartes an. Kann Ihr Gespartes Sie überleben oder werden Sie länger leben als Ihr Sparguthaben?

Möglichkeit 2 ist Geld zu investieren, um Geld zu verdienen. Dies machen ca. drei Prozent der Bevölkerung. In den letzten 25 Jahren stiegen die Aktienpreise um über 1.000%. Wer in diesem Spiel mitspielen konnte, weil er das Geld für den Start und das Knowhow hatte, konnte sein Vermögen beträchtlich vermehren.

Möglichkeit 3 zeichnet sich dadurch aus, dass hier Einkommen aus verschiedenen Quellen kommen und dass im Regelfall für dieses Einkommen nicht direkt gearbeitet werden muss. Man spricht dann vom so genannten „passiven Einkommen," zum Beispiel Erträge aus Unternehmensdividenden, Lizenzen, Mieten etc. Diese Möglichkeit wird von lediglich einem Prozent der Bevölkerung wahrgenommen. Dieses eine Prozent besitzt aber ca. 96% aller Vermögenswerte auf dieser Welt. Dies hat etwas mit unserem Finanzsystem zu tun, aber auch damit, dass diese Menschen ein klares Ziel haben, das System verstehen und erfolgreich damit arbeiten.

In welcher der genannten drei Möglichkeiten sind Sie heute zuhause?

Das Tragische ist, dass viele Menschen arm auf die Welt kommen und arm sterben, weil sie niemals etwas über die Gesetze des Geldes erfahren haben. In der Schule lernen sie zwar Lesen, Schreiben und Rechnen, aber es gibt kein Unterrichtsfach wie etwa das Einmaleins des Geldes. Selbst bis zum Ende meines Studiums musste ich kein einziges Mal etwas über Kontoeröffnung, Versicherungen und wirtschaftliche Zusammenhänge lernen.

Dennoch war ich mit dem Abschluss des Studiums als Jurist berechtigt dazu, offiziell „Steuerberatung" zu machen. Wie kann es sein, dass ich dieses Recht zur Steuerberatung hatte, obwohl ich nie etwas zum Thema studieren musste? Es ist höchste Zeit, dass unsere Schulen eine seriöse finanzielle Ausbildung anbieten. Zu lernen, wie man im Alltag mit Geld umgeht und es optimal investiert, ist mindestens genauso wichtig wie Grammatik oder Algebra.

Vieles, was lebenswichtig ist, lernen wir heute nicht mehr. Bei den Naturvölkern gab es noch Rituale, die Jungen mit etwa 13 Jahren zum Mann machten. Dann waren sie erwachsen, lebten mit den Älteren und lernten, was für das Leben und oft auch das Überleben notwendig war.

Heute fehlen diese Rituale. Viele werden in gewisser Weise bis ins hohe Alter nicht erwachsen. Eine emotionale und finanzielle Ausbildung fehlt gänzlich. Darum gibt es heute so viele Menschen, die mit der grössten Selbstverständlichkeit erwarten, dass die Gewerkschaft ihren Arbeitsplatz sichert, der Arbeitgeber das Gehalt zahlt und der Staat für sie mit Sozialhilfe und Rente sorgt. Anders formuliert: Sie leben nicht aus eigener Kraft. Sie sind niemals finanziell erwachsen geworden.

Unermüdlich haben uns unsere Eltern eingetrichtert, in der Schule fleissig zu sein. Weil dies die Zukunft sichere. Früher mag dieser Ratschlag richtig gewesen sein, heute ist er hoffnungslos überholt. Denn gute Noten allein sind keine Garantie für Lebenserfolg. Haben Sie jemals bemerkt, dass bei Klassentreffen meist der Klassenprimus fehlt? Gerade die Klassenbesten haben oft wenig Erfolg im Leben, weil sie nur gelernt haben, Unterrichtsstoff wiederzugeben.

In der Schule sammeln wir nur Informationen. Lernen aber bedeutet, Informationen erfolgreich in die Praxis umzusetzen und etwas zu können. Kennen Sie das alte Sprichwort? „Wissen ist Macht – hast du gedacht! Wissen ist wenig. Können ist König!"

Die meisten Leute hingegen sind nicht aufgrund ihrer Schulausbildung reich geworden. Das berühmteste Beispiel ist Bill Gates, der 1975 zusammen mit Paul Allen die Microsoft Corporation gründete. Erste Computererfahrung sammelte Gates bereits im Alter von 13 Jahren in der High School in Seattle, die für Unterrichtszwecke Rechner zur Verfügung stellte. Hier lernte Gates als ebenso hochbegabter wie eigenwilliger Schüler zusammen mit seinem Schulfreund Paul Allen die Computersprache Basic und das Programmieren. Kurze Zeit später gründeten sie die Firma Traf-O-Data und entwickelten ein System zur Messung von Verkehrsströmen, das ihnen 20.000 Dollar einbrachte.

1973 ging Gates an die Harvard-Universität, um dort zu studieren, verbrachte seine Zeit aber auch hier überwiegend im Computerraum. Schon zwei Jahre später brach er sein Studium ab, um sich ganz der Führung seiner Firma Microsoft Corporation zu widmen. Der Rest ist Geschichte. Gates ist heute der reichste Mann der Welt. Sein geschätztes Vermögen beträgt über 60 Milliarden US-Dollar. 30 Milliarden davon hat er bereits in eine Stiftung für wohltätige Zwecke eingebracht. Und Warren Buffett, der weltbeste Investor, hat der Bill und Melinda Gates Stiftung von seinem Vermögen ebenfalls 30 Milliarden gegeben. Weil sie unter anderem auch nicht wollen, dass ihre Kinder zu den Super-Super-Reichen gehören, ohne es selbst erarbeitet zu haben.

Im Gegensatz dazu sind die meisten Menschen ihr Leben lang auf der Suche nach Gehaltsstreifen und Arbeitsplatzsicherheit, ohne zu erkennen, wie sie dadurch in eine Falle geraten. Sie sind gefangen im Laufrad des Lebens. Und dieses Leben im Laufrad ist gerade für die Mittelschicht typisch. Robert T. Kiyosaki beschreibt es eindrucksvoll seinem Bestseller *Rich Dad, Poor Dad:* Ein Kind geht zur Schule, und die Eltern sind begeistert, weil es gute Noten hat. Es schliesst die Schule zur Zufriedenheit aller ab, beginnt ein

Studium und sucht sich dann eine aussichtsreiche Stelle. Soweit läuft alles nach Plan. Doch das erste selbstverdiente Geld will ausgegeben werden. Und weil es so bequem ist, legen sich die jungen Leute Kreditkarten zu. Das ist toll und macht Bezahlen ganz einfach.

Bald ist ein Lebenspartner gefunden, und meistens arbeiten Frau und Mann. Zwei Einkommen sind toll, das junge Paar fühlt sich erfolgreich. Sie erhöhen ihren Lebensstandard, kaufen ein Haus, ein Auto, einen Fernseher. Sie machen Urlaub und haben ein Kind. Der Bedarf an Geld ist enorm. Beide Partner sind sich einig, dass ihr Arbeitsplatz wichtig ist. Sie beginnen, noch mehr zu arbeiten, streben nach Beförderung und Gehaltserhöhung.

Dann entscheiden sie sich für ein weiteres Kind und – logischerweise – für ein grösseres Haus. Sie arbeiten noch mehr, bilden sich weiter, um sich besser zu qualifizieren und noch mehr Geld zu verdienen. Vielleicht nehmen sie sogar eine Nebenbeschäftigung an. Ihr Einkommen wächst, aber auch die Steuerprogression, die Grundsteuer für ihr neues Haus, ihre Beiträge zur Sozialversicherung und alle anderen Steuern. Sie bekommen einen Gehaltsstreifen, auf dem ein hoher Betrag steht, und sie wundern sich, wohin das ganze Geld geflossen ist. Die Kinder werden langsam älter, und die Notwendigkeit, Geld für ihr Studium oder die eigene private Altersversorgung zurückzulegen, wird grösser.

Dieses Paar ist für den Rest seines Lebens im Laufrad gefangen. Sie arbeiten für die Eigentümer ihrer Firmen, für den Staat, indem sie Steuern zahlen, und für die Banken, bei denen sie die Hypothek fürs Haus bezahlen. Dann raten sie ihren Kindern, fleissig zu lernen und gute Noten zu schreiben. Sie arbeiten ihr ganzes Leben lang schwer, ohne etwas über die Gesetze des Geldes zu erfahren. Ihre einzigen Berater sind Banker, Broker ("most of them are broken") und sogenannte Finanzexperten, die in der Regel ebenso wenig über die Gesetze des Geldes wissen, sonst wären sie längst selbst reich. Das Schlimmste am Laufrad des Lebens:

In der darauf folgenden Generation beginnt es sich von neuem zu drehen.

Und wie steht es mit Ihnen? Strampeln Sie sich auch unentwegt ab, um Geld für das Haus, die Kinder oder die Altersvorsorge zu verdienen? Der einzige Weg, diesen Kreislauf zu durchbrechen, besteht darin, Ihre Denkweise zu ändern und den richtigen Umgang mit Geld zu lernen. Wir müssen erst einmal verstehen, wie die Gesetze des Geldes funktionieren. Wir müssen lernen, wie man das Tor zu Reichtum und Vermögen aufschliessen kann.

Und damit sind wir wieder bei unserem Thema, über das ich bereits eingangs gesprochen habe: Was lernen wir eigentlich in der Schule? Nach Meinung von Matthias Horx, Zukunfts- und Trendforscher, ist unsere Schulausbildung nur dazu geeignet, zukünftige Facharbeiter auszubilden. In den 60er Jahren mag dies durchaus sinnvoll gewesen sein. Heute ist das Leben anders, und die Schule bereitet uns nicht ausreichend auf dieses Leben vor. Denken Sie nur daran, dass die deutsche Regierung mit Hilfe von „Bluecards" Menschen aus Indien motivieren will, bei uns in Deutschland in der IT-Branche zu arbeiten. Wer hätte gedacht, dass Deutschland jemals so weit zurückfallen würde? Mir fällt dazu ein Spruch meines Vaters ein, der beim Mittagessen oft zu sagen pflegte: „Iss auf, mein Junge! In Indien müssen die Menschen hungern." Wie sich die Welt doch verändert hat!

Es gibt Familien, die ihr Vermögen erhalten, von Generation zu Generation weitergeben und sogar vermehren. In diesen Familien wird den Kindern vom ersten Tag an das Wissen vermittelt, das sie brauchen, um mit Geld richtig umzugehen. Erst dann lernen sie, was jeder Mensch in der Schule lernt.

Andererseits – welche Familie ist Ihrer Meinung nach vermögend? Was verstehen Sie eigentlich unter einem Millionär? Ich behaupte, die meisten Menschen leben das Leben eines Millionärs, ohne es zu wissen. Denn das durchschnittliche

Brutto-Haushaltseinkommen einer Familie in Deutschland beträgt monatlich zwischen 3.500 und 4.000 Euro. Und das ist genau die Summe, die ein Millionär monatlich aus seinen Zinseinkünften erzielt. Doch der Reihe nach. Ein Millionär wird allgemein wie folgt definiert:

Ein Millionär ist eine Person mit einem Nettovermögen von mindestens einer Million Euro, wobei das selbst bewohnte Haus nicht mitzählt.

Das heisst, das eigene Wohnhaus wird gerade *nicht* mit zum Vermögen gerechnet! Dazu aber später mehr.

Schauen wir uns ein Beispiel an: Ich gehe der Einfachheit halber von einem Zinssatz von fünf Prozent aus. Natürlich kann man mehr erzielen. Aber wenn Sie gerade mal über eine Million verfügen und davon leben wollen, werden Sie vermutlich keine Superrenditen erwirtschaften. Zudem will ich Ihnen hier nicht den besten Zins vorstellen, und auch nicht einen extrem niedrigen Zins nach einer Finanzkrise, sondern einen Sachverhalt bewusst machen. Also, gehen wir von fünf Prozent aus. Dieser Prozentsatz vereinfacht das rechnerische Beispiel und ist, gemessen an Fest-Zinssätzen der vergangenen 30 Jahre, ziemlich realistisch.

Eine Million Euro, angelegt zu einem Zinssatz von fünf Prozent, ergeben jährlich 50.000 Euro an Zinsen. Diese Summe teilen wir dann durch zwölf Monate – heraus kommt ein Bruttoeinkommen von etwas über 4.000 Euro. Wenn wir dann noch die Steuern abziehen, abhängig davon, ob Sie ledig oder verheiratet sind, reduziert sich die Geldsumme entsprechend. Es sind ca. 3.500 Euro im Monat. Jeder, jede Familie, die 3.500 Euro im Monat zur Verfügung hat, praktiziert in finanzieller Hinsicht den Lebensstil eines Millionärs! Mit anderen Worten: Die meisten Menschen praktizieren den Lebensstil eines Millionärs – sie wissen es nur nicht!

Oder hätten Sie gedacht, dass eine Million auf dem Konto monatlich gerade mal 3.500 bis 4.000 Euro an Liquidität erwirtschaftet? Dennoch glauben die meisten Menschen, und leider auch die Kinder, dass ein Millionär jemand ist, der sich alles leisten kann. Was für ein Trugschluss!

Natürlich könnte der Millionär seine Existenz auch von seinem Kapitalvermögen bestreiten. Aber wie lange? Irgendwann ist das Geld aufgebraucht. Bei Kapitalverzehr müsste er demnach gleichzeitig festlegen, wann das Geld aufgebraucht sein soll, wann er sterben will. Und wer will das schon ...?

Hier folgt eine Tabelle, die zeigt, wie viel Geld man bei welchem Zinssatz monatlich entnehmen kann, ohne das Kapital dabei anzutasten, und wie viel, wenn man das Kapital mit aufzehrt. Dann sieht man genau, wie lange dies geht, und erkennt auch, dass es sich über einen längeren Zeitraum nicht lohnt, das Kapital anzugreifen. Also planen wir besser immer nur mit den Zinserträgen.

Tabellen zur Kapitalnutzung

a) Ohne Kapitalverzehr: Welcher Betrag kann entnommen werden, ohne das Kapital anzugreifen?

Kapital in €	Monatliche Entnahme in € bei angenommener Zinssteigerung von					
	5%	6%	7%	8%	9%	10%
10.000	40	48	56	64	72	79
30.000	122	145	169	192	216	237
50.000	203	243	282	321	360	395
75.000	305	364	423	482	540	592
100.000	407	486	565	643	720	790
200.000	814	973	1.130	1.286	1.440	1.581

b) Mit Kapitalverzehr: Welcher Betrag kann entnommen werden, wenn das Kapital am Ende des Entnahmezeitraums aufgezehrt sein soll?

Kapital in €	Jahre	Monatliche Entnahme in € bei angenommener Zinssteigerung von					
		5%	6%	7%	8%	9%	10%
10.000	5	187	192	196	200	204	209
	10	105	110	115	119	124	129
	15	78	83	88	93	99	104
	20	65	70	76	81	87	93
	25	58	63	69	75	81	87
30.000	5	562	575	587	600	613	626
	10	315	329	343	357	371	386
	15	235	250	265	280	296	312
	20	196	211	227	244	261	279
	25	173	189	207	224	243	261

Kapital in €	Jahre	Monatliche Entnahme in € bei angenommener Zinssteigerung von					
		5%	6%	7%	8%	9%	10%
50.000	5	937	958	979	1.000	1.021	1.043
	10	525	548	572	595	619	643
	15	391	416	441	467	493	520
	20	326	352	379	407	435	464
	25	288	316	344	374	404	435
75.000	5	1.406	1.437	1.469	1.500	1.532	1.564
	10	788	822	858	893	929	965
	15	587	624	662	701	740	779
	20	489	528	569	611	653	696
	25	432	474	517	561	607	653
100.000	5	1.874	1.916	1.958	2.000	2.042	2.085
	10	1.050	1.096	1.144	1.190	1.238	1.287
	15	782	832	882	934	986	1.039
	20	652	704	758	814	870	929
	25	576	631	689	748	809	871
200.000	5	3.748	3.832	3.916	4.000	4.084	4.171
	10	2.100	2.192	2.288	2.380	2.476	2.573
	15	1.564	1.664	1.764	1.868	1.972	2.079
	20	1.304	1.408	1.516	1.628	1.740	1.857
	25	1.151	1.263	1.378	1.496	1.618	1.742

Also, viele Menschen in der westlichen Welt haben den Lebensstil eines Millionärs – es ist ihnen nur nicht bewusst. Denn viele verbinden mit dem Begriff Millionär falsche Vorstellungen: ein luxuriöses Leben, womöglich mit Butler und Chauffeur, Schiff im Yachthafen und ein Stab an Personal. Das mag früher so gewesen sein, in den fünfziger Jahren. Heinz Rühmann lieferte in vielen Filmen das Beispiel eines Bilderbuchmillionärs: Stadtvilla,

Landhaus, Hausangestellte, Limousine und vieles mehr. Heute müssen Sie Multi-Multi-Millionär sein, um so leben zu können!

Eigentlich ist es also heute nichts Besonderes mehr, ein Millionär zu sein. Trotzdem übt allein das Wort „Millionär" eine ungeheure Faszination auf uns aus. Emotionen werden geweckt. Nicht von ungefähr ziehen Fernsehsendungen wie „Wer wird Millionär?" die Zuschauer in ihren Bann. Gleichzeitig schliesst fast jeder für sich aus, dass er jemals genügend Geld haben wird, um das Leben eines Millionärs zu führen.

Und hier liegt das entscheidende Problem. Wir sind mit der Vorstellung aufgewachsen, ein Millionär sei etwas ganz Besonderes. Der Begriff hatte früher eine andere Bedeutung als heute, doch noch heute halten viele am alten Bild fest. Die Folge: In ihrem Unterbewusstsein prägt sich ein falsches Bild vom Millionär ein, und gleichzeitig empfinden Sie ihr eigenes Leben im Verhältnis dazu als ein Leben in Armut. Sie manövrieren sich in eine Opferrolle, die sonderbare Formen annehmen kann. Denken Sie nur daran, dass es Teile in unserer Gesellschaft gibt, die von den Reichen immer neue Abgaben und Steuern fordern und verlangen, die Reichen sollen von ihrem Geld abgeben und alles richten.

Doch der amerikanische Präsident Abraham Lincoln (1809-1865) sagte schon damals:

> „Ihr werdet die Schwachen nicht stärken, indem Ihr die Starken schwächt. Ihr werdet denen, die ihren Lebensunterhalt verdienen, nicht helfen, indem Ihr die ruiniert, die sie bezahlen. Ihr werdet den Armen nicht helfen, indem Ihr die Reichen ausmerzt."

Merken Sie, was ich Ihnen sagen will? Die Lösung ist nicht in erster Linie, dass andere es für Sie richten! Was müssen Sie verändern? Je besser Sie die Gesetze des Geldes verstehen, desto besser werden Sie erkennen, in welcher Gefahr Sie leben, wenn

Sie nicht Millionär werden wollen! Doch dazu an späterer Stelle mehr.

In Deutschland gibt es dem *World Wealth Report 2013* von Cap Gemini zufolge knapp über eine Million „High Net Worth Indivuals," d. h. Personen mit einem investierbaren Vermögen von mindestens einer Million US-Dollar. Bei einer Einwohnerzahl von knapp 80 Millionen sind damit etwas mehr als 1 Prozent der Bevölkerung Millionäre. Das Land mit den – noch – meisten Millionären in diesem Bericht ist die USA mit mehr als 3,4 Millionen Millionären. Das entspricht wieder knapp über einem Prozent der Bevölkerung.

Die Millionäre sind also in der Minderheit. Wollen Sie wirklich zu dieser Minderheit gehören? Trauen Sie sich das? Es gehört Mut dazu! Genau wie auch zu der Bereitschaft, ein langes Leben zu führen! Sind Sie bereit, zu der Minderheit zu gehören, die lange lebt? Haben Sie den Mut dazu? Prüfen Sie sich: Wie fühlt es sich an, wenn Sie irgendwann der letzte Apfel am Apfelbaum sind? Ist das wirklich für Sie in Ordnung?

Also, sind Sie wirklich bereit, Millionär zu werden, zu der Minderheit zu gehören? Wollen Sie wirklich Millionär werden? Stellen Sie sich die Frage und antworten sich selbst.

Meine These: Sie müssen früher oder später Millionär werden, sonst bleibt Ihnen nur die Armut. Denn schon wirtschaftliche und gesellschaftliche Veränderungen zwingen zum Umdenken. Keine Frage, früher war manches einfacher als heute. Wer einen guten Job hatte, verdiente gutes Geld. Je besser der Job war, desto besser das Einkommen, desto besser das Leben. Noch bis vor wenigen Jahren bot ein Arbeitsplatz existentielle Sicherheit. Heute aber ist der Traum vom Job fürs Leben längst ausgeträumt, stattdessen bestimmen Unsicherheit und Ängste den Alltag vieler Menschen. Was wird aus meinem Arbeitsplatz? Werde ich eine neue Stelle finden? Wie soll ich ohne Job das Haus abbezahlen?

Das nächste Problem steht bereits vor der Tür: die Altersversorgung. Dank des medizinischen Fortschritts steigt die Lebenserwartung. Viele Menschen werden heute 80, 90 oder 95 Jahre alt. Aus genetischer Sicht könnten wir sogar 120 Jahre alt werden. Wird die staatliche Rente ausreichen, um 20, 30, 40 oder sogar noch mehr Jahre davon zu leben? Eine Frage, die sich in dieser Form auf unserem Planeten zum ersten Mal stellt. Hinzu kommt, dass viele Studenten erst mit 28 Jahren einen Abschluss machen. Die Rechnung ist einfach: Es gibt in unserer Gesellschaft immer mehr Menschen, die rund 30 Jahre im Beruf stehen, aber mehr als 60 Jahre lang versorgt werden möchten. Dass dies schwierig ist, sollte jedem klar sein! Die Folge: Viele Menschen werden im Alter in ärmlichen Verhältnissen leben, wenn sie nicht rechtzeitig etwas dagegen unternehmen.

Auch die Krankenkassen stehen vor dem Zusammenbruch. Soll jemand mit 75 Jahren noch ein neues Hüftgelenk bekommen? Diese Frage wird von den Politikern bereits ernsthaft diskutiert, so menschenverachtend sie auch erscheinen mag.

Tatsache ist auch, dass die Kluft zwischen Arm und Reich in Deutschland immer grösser wird. Die Mittelklasse verschwindet zunehmend, es bleibt irgendwann dann nur noch Arm und Reich. Zu welcher Gruppe wollen Sie gehören? Eine Alternative wäre natürlich auch Sozialhilfe. Sie können vor dem Fernseher sitzen bleiben, ohne einen Finger zu rühren. Das Geld wird direkt auf Ihr Konto überwiesen. Klingt verlockend. Aber ist das wirklich das Leben, das Sie erträumten? Ist es ein erfülltes Leben? Wohl kaum.

Zudem kann es sich der Staat auf Dauer nicht leisten, grosse Bevölkerungsgruppen mit Sozialhilfe zu unterstützen, ohne von ihnen etwas zu fordern.

Also, lernen Sie besser, sich finanziell unabhängig zu machen!

Faktor 20

Wie viel Geld hätten Sie gerne pro Jahr zur Verfügung? Wenn Sie eine Summe festgelegt haben, multiplizieren Sie diese Summe einfach mit 20. Sie erhalten dann den Betrag, den Sie brauchen, um bei einer Verzinsung von 5% Ihren gewünschten Jahresbetrag zu erhalten. Ich rechne, wie schon oben erwähnt, hier gerne mit 5%. Wenn Sie jedoch lieber mit 2,5% rechnen möchten, dann ist Ihr Faktor 40!

Für mich hat sich der Faktor 20 als gute Richtschnur erwiesen. Mit dieser Faustregel können Sie leicht errechnen, welches Kapital Sie benötigen, um durch Zinsen Ihr gewünschtes Jahreseinkommen zu erzielen.

Ein Beispiel:

100.000 Euro gewünschtes Jahreseinkommen x 20	2.000.000 €
5% von 2.000.000 Euro Anlagekapital	<u>100.000 €</u>

Nun höre ich immer wieder Menschen, die mir sagen, sie bräuchten diese Berechnung nicht anzustellen, sie bekämen ja Rente. Ich bevorzuge es aber, Renten nicht in die Altersvorsorge als feste Grösse mit einzubeziehen. Wir haben schon besprochen, wie sich unser Leben verändert hat, und in nahezu allen westlichen Ländern erleben wir, dass schon heute die Renten nicht in dem Masse steigen, wie ursprünglich gedacht. Oft haben wir real schon Rentenkürzungen, da von der Rente heute Zahlungen geleistet werden müssen, die früher nicht erforderlich waren.

Und ich empfehle, die Rente dann als eine schöne Reserve, als einen Bonus anzusehen.

Inflation

Denn es gibt noch einen wichtigen Faktor, den wir bei unserer Finanzplanung im Auge haben müssen: die Inflation! Wie hoch ist die jährliche Inflationsrate? Auch hier rechne ich gerne mit 5%. Ja, ja, ich weiss, die offizielle ist geringer. Aber schauen Sie sich den Warenkorb einmal genau an, der zur Berechnung der Inflationsrate herangezogen wird. Da hilft es uns wenig, wenn manche technische Geräte im Preis fallen, aber die lebensnotwendigen Dinge deutlich teurer werden. Jeder spürt ja, wie die Preise für Güter des täglichen Bedarfs in den vergangenen Jahren gestiegen sind: Energiekosten und Lebensmittel teilweise über 20%! Mit 5% liegen wir dann sogar im niedrigen Bereich. Die jeweiligen Regierungen können also mit der offiziellen Zahl spielen, je nachdem, was sie in den Warenkorb für die Berechnung der Inflationshöhe hineinlegen, ergibt sich ein anderer Betrag.

Der Betrag, der für Sie von Bedeutung ist, ist der, der sich ergibt, wenn Sie sich die Preissteigerungen der von Ihnen regelmässig gekauften Produkte anschauen. Und da sind Sie zurzeit schnell im zweistelligen Bereich. Die meisten Bürger merken es ja: Selbst wenn Sie einen Lohnausgleich in Höhe der offiziellen Inflationsrate erhalten, real spüren Sie einen Rückgang Ihrer Kaufkraft und Ihres Lebensstandards. Oder brauchen wir uns um die Inflation nicht zu kümmern, da die staatlichen Kontrollorgane bzw. die Zentralbanken durch die Höhe der Zinssätze die Inflation schon kontrollieren werden? Vielleicht gibt es sie dann ja auch bald nicht mehr? Das ist leider ein Traum, der nicht in Erfüllung gehen wird, den wir aber auch nur träumen können, wenn wir nicht wissen, wie das Geldsystem funktioniert.

Nachdem die Währungen seit Anfang der 70er Jahre nicht mehr mit Goldreserven gedeckt werden müssen, konnten die Zentralbanken der jeweiligen Länder beliebig Geld drucken. Als Bezugsgrösse für die erlaubte Geldmenge hat man sich das sogenannte

Bruttoinlandsprodukt ausgewählt, also den Gesamtwert aller Güter (Waren und Dienstleistungen), die innerhalb eines Jahres innerhalb der Landesgrenzen einer Volkswirtschaft hergestellt werden und dem Endverbrauch dienen. Weltweit haben sich die Staaten bereits so hoch verschuldet, dass 75% (teilweise deutlich mehr!) des Bruttoinlandsprodukts „beliehen" sind. Darum auch immer dieser Ruf nach mehr Wachstum, damit „Neuverschuldungen" zu rechtfertigen sind. Aber Sie können sich leicht ausrechnen, wenn Sie jedes Jahr Ihre Kredite deutlich vergrössern, dass dann irgendwann von Ihrem Einkommen nur noch die Zinsen gezahlt werden können.

In den meisten Ländern diskutiert man daher, die Neuverschuldung zu reduzieren. An eine Rückzahlung glaubt keiner, und das ist auch gar nicht gewollt. In den USA ist es besonders deutlich. Die dortige Zentralbank, die die Dollar ausgibt, gehört privaten Bankern. Geld drucken kostet nicht viel, es ist ja nur Papier. Aber der Staat muss auf das geliehene Geld Zinsen zahlen. Zurzeit wird so viel Geld gedruckt, dass die Federal Reserve Bank schon gar nicht mehr veröffentlicht, wie hoch die im Umlauf befindliche Geldmenge ist. Schauen Sie sich einfach mal den Haushalt Ihrer Regierung an, und Sie werden erkennen, dass jedes Jahr enorm hohe Zinszahlungen erforderlich sind. Wie wird nun ein Staat diese Schulden wieder los? Durch normales, gesundes kaufmännisches Verhalten? Wohl kaum. Dies ist jedenfalls nicht das gängige Beispiel aus der Geschichte. Ich halte es auch für unmöglich, da die Situation auf verschiedenen Ebenen verfahren ist. Nehmen Sie nur das Bruttosozialprodukt: „Jetzt wird wieder in die Hände gespuckt, wir steigern das Bruttosozialprodukt," dann haben wir Wachstum und dann ist alles doch gut, oder? Leider nein. Nicht jedes Wachstum ist gut für uns. Zum Bruttosozialprodukt gehört jede Wirtschaftsbewegung. Um es klar zu sagen: Jeder Autounfall, jede Fleischvergiftung, jeder Giftmüllskandal erhöht das Bruttosozialprodukt, denn in dem Zusammenhang wird immer eine Wirtschaftsleistung erbracht.

Wirklich gesund kann der Haushalt aber nur werden, wenn die zugrunde liegenden ungesunden Wirtschaftsleistungen auch entfallen. Dies bedeutet heute aber wiederum den Wegfall von vielen Arbeitsplätzen (auch wenn sie noch so unsinnig für das Allgemeinwohl sind), was Sozialkosten verursacht, wodurch eine Entschuldung nicht so leicht möglich wird.

Seit Anfang der neunziger Jahre des letzten Jahrhunderts liegt bei der UNO schon die Idee des *Human Development Index* vor: Der Wohlstand eines Landes soll nicht allein nach geschriebenen Rechnungen beurteilt werden, sondern auch nach dem Gesundheitszustand und dem Bildungsgrad der Bevölkerung. Das Land Bhutan, misst den Erfolg des Landes am Glücklichkeits-Zustand der Bevölkerung. Aufgrund der Tatsache, dass sich viele Länder immer wieder stark verschulden wollen, bleibt wohl leider das Bruttoinlandsprodukt noch eine Weile als einziger Massstab.

Also, die Inflation, welche schon seit Jahrtausenden existiert – es gab sie schon bei den alten Römern – wird uns nicht verlassen. Es gibt Korrekturen zwischendurch, Währungsreformen oder andere Formen der Geld- und Werte-Vernichtung. Irgendwie müssen sich die Staaten ja aus dem Unsinn immer wieder befreien können. So sagt z. B. der Hedge-Fonds-Manager Burton Biggs: „Einmal im Jahrhundert gibt es die Zerstörung des aufgebauten Wohlstands." Es muss ja auch so sein, wenn der Wohlstand lediglich auf Kredit aufgebaut ist.

Deshalb wachen Sie auf, nehmen Sie Ihre Vorsorge eigenverantwortlich in die Hand und werden Sie autark! Lernen Sie das System zu verstehen und nutzen Sie es, um sich rechtzeitig persönlich abzusichern und um nicht im möglichen Kollaps des Systems zu den Hauptleidtragenden zu gehören.

Kaufkraftverlust

Inflation wird es auch weiterhin geben. Wir müssen sie bei unserer Zukunfts- und Finanzplanung berücksichtigen. Aber hier geht es mir nicht um die absolute Höhe der Inflationsrate, sondern wieder darum, Ihnen ein Prinzip vor Augen zu führen.

Wenn wir oben bei Faktor 20 gerade ausgerechnet haben, dass wir 2 Millionen benötigen, um unser Wunschjahreseinkommen mit einer Kaufkraft von 100.000 zu erhalten, was bedeutet dies dann unter Berücksichtigung der Inflation?

Rechnen wir wieder simpel mit der „Daumenpeilung." Bei 5% Inflation halbiert sich die Kaufkraft in ca. 14 Jahren. Dies bedeutet für Sie, dass Sie in 14 Jahren 4.000.000 auf dem Konto haben müssen und dass Sie 200.000 pro Jahr benötigen, wenn Sie nur die heutige Kaufkraft erhalten wollen! Wollen Sie noch 28 Jahre leben? Dann brauchen Sie 8.000.000 auf dem Konto. Wollen Sie noch länger leben als 28 Jahre? Weitere 14 Jahre? Dann benötigen Sie schon 16 Millionen usw. Hier eine Tabelle, die die Zahlen genauer zeigt:

Inflationsrate	Jahre					
	1	5	10	15	20	25
3 %	3,0 %	13,8 %	25,5 %	35,6 %	44,3 %	51,9 %
4 %	4,0 %	17,8 %	32,3 %	44,1 %	53,6 %	61,5 %
5 %	5,0 %	21,7 %	38,3 %	51,1 %	61,0 %	68,7 %
6 %	6,0 %	25,3 %	43,6 %	57,0 %	66,8 %	74,1 %
7 %	7,0 %	28,7 %	48,3 %	61,9 %	71,4 %	77,9 %
8 %	8,0 %	31,8 %	52,3 %	65,9 %	74,8 %	80,6 %
9 %	9,0 %	34,8 %	55,9 %	69,1 %	77,3 %	82,5 %
10 %	10,0 %	37,5 %	59,0 %	71,7 %	79,2 %	83,6 %

Aus diesem Chart können wir deutlich sehen, wie sehr die Kaufkraft nachlässt. Man kann dies auch bildlich darstellen, vielleicht wird Ihnen dann die Brisanz noch deutlicher:

Bei 5% Inflationsrate ist in 14 Jahren eine Verdoppelung des Anlagekapitals nötig, um die Kaufkraft von 100.000 zu behalten:

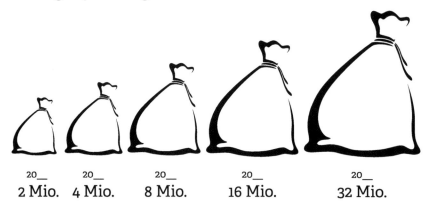

20__	20__	20__	20__	20__
2 Mio.	4 Mio.	8 Mio.	16 Mio.	32 Mio.

Tragen Sie auf den Linien (20__) die Jahreszahlen ein, beginnend beim aktuellen Jahr, und addieren Sie bei jedem der Geldsäcke 14 Jahre hinzu. Dann wissen Sie, wie viel Geld Sie brauchen, um die gewünschte Kaufkraft zu erhalten.

Um uns aber hinsichtlich des benötigten Zinssatzes für die Zukunftsabsicherung richtig festlegen zu können, müssen wir auch die Steuern auf die Zinserträge berücksichtigen. Daher hier noch eine Tabelle zur Errechnung des nötigen Zinssatzes, der unter Berücksichtigung des persönlichen Steuersatzes und der Inflationsrate, für den Werterhalt des Vermögens erforderlich ist:

Steuer-belastung	Bei einer jährlichen Geldentwertungs-Rate von ___ % muss Ihr Vermögen mindestens folgende Erträge pro Jahr erzielen:					
	3,5 %	4 %	4,5 %	5 %	5,5 %	6 %
30 %	3,0 %	13,8 %	25,5 %	35,6 %	44,3 %	51,9 %
35 %	4,0 %	17,8 %	32,3 %	44,1 %	53,6 %	61,5 %
40 %	5,0 %	21,7 %	38,3 %	51,1 %	61,0 %	68,7 %
45 %	6,0 %	25,3 %	43,6 %	57,0 %	66,8 %	74,1 %
50 %	7,0 %	28,7 %	48,3 %	61,9 %	71,4 %	77,9 %
55 %	8,0 %	31,8 %	52,3 %	65,9 %	74,8 %	80,6 %

Sie sehen, wenn ich also mit einer Verzinsung und einer Inflationsrate von 5% rechne, untertreibe ich eher. Und lassen Sie sich nicht irritieren, dass gerade mal die Zinsen niedrig und die öffentliche Inflationsrate gering ist. Erstens geht es um Ihre „persönliche Inflationsrate" – ich hoffe, Sie haben diese errechnet –, und zweitens kommt es nicht so sehr darauf an, was in einzelnen kurzen Abschnitten passiert.

Nun lassen Sie sich nicht gleich erschrecken. Nach vorne geblickt sieht dies schrecklich aus. Aber schauen Sie mal zurück. Was hat vor 20 Jahren das Brötchen gekostet? Was ein Frisörbesuch? Sie sehen, wir haben bisher schon immer mit Inflation gelebt und diese auch überlebt.

Das Besondere und das, worauf ich Sie besonders aufmerksam machen möchte, ist die Tatsache, dass die Entwicklung des Geldes Sie *zwingen* wird, Millionär zu werden, wenn Sie Ihren Wohlstand halten wollen. Wenn Sie aber innerlich die Einstellung haben, dass Sie nie, niemals Millionär werden, dann werden Sie unweigerlich in die Armut abgleiten.

Die Mittelklasse schwindet. Auf welcher Seite möchten Sie in Zukunft stehen? Auf der armen Seite oder auf der reichen Seite?

Denken Sie daran: Geld ist neutral. Werfen Sie Ihre Bewertungen über Bord. Werden Sie finanziell erwachsen.

Jeder kann sich ein Vermögen aufbauen, wenn er sich dafür entscheidet. Ob Geschäftsführer, Busfahrer oder Sekretärin, jeder hat die Möglichkeit, reich zu werden. Jeder trägt grosse Ressourcen an Talenten und Fähigkeiten in sich, die nur darauf warten, hervorgeholt zu werden. Eine der Fähigkeiten, die bei vielen Menschen brach liegt, ist die finanzielle Intelligenz. In den nächsten Kapiteln werden Sie erfahren, wie man sie entwickeln, ausbilden und für sich nutzen kann. Das Wort Beruf kommt von Berufung. Widmen Sie sich tagsüber Ihrer Berufung, und bauen Sie sich Ihr Vermögen in der sogenannten Freizeit auf.

*„Du bist heute das Ergebnis dessen,
was du gestern gedacht hast."*
— *Buddha*

Grundlagen des Erfolgs

Im nun folgenden Kapitel möchte ich Ihnen erklären, was die Grundlage eines jeden Erfolgs ist. Was ist die Ursache für die Ergebnisse, die Sie in Ihrem bisherigen Leben erzielt haben, und was müssen Sie ändern, um andere Ergebnisse zu erzielen? Mit dieser Frage werden wir uns jetzt ausführlich beschäftigen.

Wir sprechen oft davon, dass es erfolgreiche und weniger erfolgreiche Menschen gibt. Eigentlich ist das völlig falsch. Alle Menschen sind zu 100 Prozent erfolgreich. Das mögen Sie vielleicht nicht glauben. Ich werde Ihnen zeigen, dass es wahr ist.

Er-Folg ist, wie das Wort schon sagt, die Folge von etwas. Eine Begebenheit, ein Umstand er-folgt. Vieles, was um Sie herum passiert, ist die Folge von Ursachen, die Sie geschaffen haben. Schon der Volksmund sagt: „Wir ernten, was wir säen" oder „Wie es in den Wald hineinruft, so schallt es zurück."

Es gibt ein Naturgesetz von Ursache und Wirkung. Je nachdem, welche Ursachen wir schaffen, so wird die Wirkung sein, so werden unsere Ergebnisse sein. So sind die Folgen, das Erfolgte, der Erfolg! Wenn Sie dieses universelle Wirkprinzip verstanden haben, werden Sie erkennen, dass alle Menschen zu 100 Prozent erfolgreich, das heisst folgen-reich, sind. Denn sie haben die Ursachen geschaffen, und ihre Ernte ist die Folge.

Da uns häufig nicht bewusst ist, welche Zusammenhänge es gibt, erkennen wir leider auch nicht die Ursachen für unsere Ergebnisse. Wir sprechen dann von Wundern, Glück oder eben Unglück. Und wenn jemand etwas hat, das Sie auch gerne hätten, neigen Sie dazu, den anderen als erfolgreich anzusehen und sich selbst vielleicht nicht. Sie sind aber auch zu 100 Prozent erfolgreich. Sie haben nur andere, unerwünschte, vielleicht sogar negative Ergebnisse. Wenn Sie also erst einmal den Zusammenhang zwischen Ursache und Wirkung erkannt haben, werden auch Sie die gewünschten Folgen leichter erzielen können.

Aber Hand aufs Herz: Wie oft beschäftigen wir uns mit den Ursachen? Meistens schauen wir uns doch immer nur die Ergebnisse an. Es gibt zum Beispiel die weit verbreitete Meinung, dass Profisportler im Basketball, Fussball und Tennis Millionengagen dafür kassieren, dass sie einige Stunden spielen. Nur wenige bedenken, dass diese Athleten von frühster Kindheit an Tag für Tag trainierten, während Klassenkameraden Freizeit hatten. Tausende und Abertausende von Stunden haben solche Sportler investiert, um das zu erreichen, was in einem Spiel so leicht und locker aussieht.

Auch Rennfahrer in der Formel 1 sitzen während der Saison nur jeden zweiten Sonntag im Rennauto und erhalten dafür Millionen. So jedenfalls denken viele. Was sie nicht wissen: Er hat täglich mehrere Stunden für seine körperliche Fitness trainiert und ebenfalls täglich im Rennauto seine Runden gedreht. Das aber wird im Fernsehen nicht übertragen. Hierzu passt der Satz eines amerikanischen Trainers: „Geld wird verdient, wenn keiner guckt!"

Noch ein anderes Beispiel: Die meisten Menschen, die Schmerzen haben, nehmen eine Tablette, um den Schmerz (die Folge, das Ergebnis, das Symptom) zu bekämpfen. Was machen Sie, wenn Sie Schmerzen haben? Überlegen Sie, was die Ursache dafür sein könnte? Haben Sie gestern etwas getan, was heute den Schmerz ausgelöst haben könnte? Die Werbung macht es uns leicht: Sie wirbt zum Beispiel mit einem Mittel gegen Magenverstimmung. Das schlucken Sie mit etwas Wasser, und dann können Sie weiter alles essen, was die Magenverstimmung verursacht hat. Wäre es nicht viel besser, die Ursache der Übelkeit herauszufinden und dann sein eigenes Verhalten zu ändern?

Oft aber sehen wir die Zusammenhänge zwischen Ursache und Wirkung nicht. Das ist dann oft ein noch grösseres Problem. Angenommen, Sie würden die Ursache erkennen. Dann könnten Sie die Ursache ändern, um die gewünschten Ergebnisse zu bekommen. Ist Ihnen das in dieser Konsequenz schon jemals bewusst gewesen?

Ich habe ein weiteres Beispiel, das Ihnen dies vielleicht deutlich vor Augen führt, um was es eigentlich geht. Nehmen wir an, Sie fahren Auto. Vielleicht auch noch nachts. Plötzlich geht ein gelbes Licht in Ihrer Instrumententafel an. Es blinkt und stört Sie. Das Licht geht Ihnen nach einer Weile auf die Nerven. Sie halten an, schrauben kurzerhand die kleine Glühbirne heraus, machen sich aber weiter keine Gedanken über die Bedeutung des Lichtes. Das Blinken ist verschwunden. Sie fahren weiter, endlich wieder ohne dieses störende Licht. Das kann so noch einige hundert Kilometer gut gehen. Vielleicht haben Sie sogar zwischendurch noch einmal getankt, irgendwo im Restaurant etwas gegessen und das Lämpchen völlig vergessen. Dann plötzlich stottert der Motor, der Wagen bleibt stehen. Der nette Mann vom Pannendienst sagt Ihnen, der Motor sei kaputt. Festgefressen. Das Öl hat gefehlt. Das gelbe Lämpchen war die Ölwarnlampe.

Wenn Sie den Zusammenhang zwischen Ölwarnlampe, Öl nachfüllen und Motorschaden nicht verstehen, dann werden Sie vielleicht dem Hersteller des Motors, dem Benzin oder Gott weiss wem die Schuld dafür geben, dass Ihr Wagen liegen geblieben ist. Es könnten ja auch Tage zwischen dem Herausschrauben des Lämpchens und dem Motorschaden vergangen sein. Umso wichtiger ist es, die Wechselseitigkeit von Ursache und Wirkung zu verstehen, sonst wird Ihnen das Gleiche wieder passieren. Denn Ihr Unterbewusstsein hat noch immer die Information abgespeichert, dass Sie sich ohne blinkendes Lämpchen im Auto wohler fühlen. Doch nur, wenn wir die Symptome nutzen, um die Ursachen zu ergründen, kommen wir zum Erfolg. Aber die meisten Menschen haben eine Tendenz, den „Botschafter" zu vernichten, bevor sie die Botschaft wirklich gehört und verstanden haben.

Prüfen Sie sich selbst, wie viel Zeit und Energie Sie bei Geldproblemen auf Ihre Schulden verwenden. Wie viel Zeit hingegen verwenden Sie auf Ursachenforschung? Warum kann ich meine Rechnungen nicht bezahlen? Was ist die Ursache für dieses Ergebnis? Ist mein Verhalten schuld daran? Warum verhalte ich mich so? Was ist der wirkliche Hintergrund für meine unnötigen Geldausgaben, der wirkliche Grund, warum ich über meine Verhältnisse lebe, der wirkliche Grund, warum ich meine Finanzen nicht im Griff habe? Vielleicht beginnen Sie schon jetzt zu verstehen, dass Geld nie die Lösung von Geldproblemen ist. Auch ein neuer Motor für Ihr defektes Auto ist nicht allein die Lösung. Denn wenn Sie in Zukunft weiter die Ölkontrolllampe ignorieren, werden Sie wieder einen Motorschaden haben. Immer wieder und wieder!

Darum habe ich auch aufgehört, anderen Menschen, selbst Freunden, Geld zu leihen, wenn sie nicht bereit sind, ihr (Geld-)Verhalten zu ändern. Zu oft war mein Geld für sie keine Hilfe, ich habe sie nur mehr verschuldet. Dr. John F. Demartini sagt es klar: „Gib Menschen kein Geld, die nicht mit Geld umgehen können. Es wird ebenfalls verschwinden."

Wie aber kommt es, dass wir so in die Symptomfalle geraten? Nun – wir werden durch die Erziehung unserer Eltern, aber auch durch äussere Einflüsse geprägt. Wie stark der Einfluss der Umwelt sein kann, soll folgendes Beispiel deutlich machen: Ein Mann fand bei einem Spaziergang das Ei eines Adlers. Er nahm es mit nach Hause und schmuggelte es zwischen die Eier eines Präriehuhns. Alle Küken schlüpften nahezu gleichzeitig aus ihren Eiern, und so kam es, dass der Adler dachte, er sei auch ein Huhn. Also machte er das, was alle Hühner machen: er scharrte im Dreck, pickte Körner auf, rannte wild umher und gackerte laut. Ab und zu flatterte er etwas mit den Flügeln und flog ein paar Meter – wie die anderen Hühner eben auch.

Eines Tages entdeckte er hoch am Himmel einen grossen Vogel, der majestätisch seine Kreise zog. „Was ist das für ein wunderschöner Vogel?" fragte der kleine Adler eine der Hennen. „Das ist ein Adler, der König der Lüfte," sagte diese. „Leider kannst du nicht so fliegen wie dieser Adler, weil du nur ein Präriehühnchen bist." Der Adler glaubte das – und fügte sich in sein Leben als Präriehühnchen. Wie schade um ihn!

Ein ähnliches Beispiel wurde im Film *Ice Age II* dargestellt; dort ist es ein Mammut, das sich für ein Opossum hält.

Was wäre, wenn Sie eigentlich ein Adler sind, aber wie ein Huhn leben? Die meisten Menschen leben innerhalb der Grenzen, die sie sich durch ihr Denken setzen. Machen Sie sich bitte frei davon. Wie sonst wollen Sie sich zum König der Lüfte aufschwingen und Millionär werden?

Ein Bild unseres Geistes

Nun werde ich Sie mit einem simplen Bild bekannt machen. Es ist ein Bild unseres Geistes, das Dr. Thurmann Fleet im Jahr 1934 entwarf. Er wollte seinen Patienten zeigen, wie sie ihren Körper heilen können, indem sie lernen, ihre geistigen Aktivitäten zu steuern. Er wusste, dass wir Menschen hauptsächlich in Bildern denken. Wenn wir uns an etwas erinnern wollen, dann sehen wir meist Bilder. Denken Sie mal an Ihr Wohnzimmer, wo waren Sie zuletzt im Urlaub, wer ist Ihr Lieblingsschauspieler? Immer sehen Sie „im Geist" ein Bild.

Wenn Dr. Fleet von seinen Patienten wünschte, sie sollten sich ihren Geist vorstellen, ging dies nicht so einfach. Haben Sie ein Bild, wenn ich Sie bitte, sich Ihren Geist oder Ihren Verstand vorzustellen? Darum kreierte Dr. Fleet ein einfaches Symbol, das uns enorm helfen wird, Millionär zu werden. Die Bedeutung dieses einfachen Strichmännchens wird einem umso klarer, je länger man damit arbeitet. Sie werden sehen! Ich habe mir dieses

Symbol und dessen Bedeutung von Bob Proctor erläutern lassen und bin ihm unendlich dankbar dafür. Er verwendet es in fast allen seinen Seminaren, weil es so bedeutungsvoll ist.

Das Konzept des Strichmännchens ist ausserordentlich einfach. Es soll Sie symbolisieren. Natürlich weiss ich, dass Sie anders aussehen. Aber das Strichmännchen wird uns helfen, das zu verstehen, was ich das Fundament allen Erfolgs nenne. Wenn Sie dieses Konzept verstanden haben, wird es Ihnen die wunderbare Welt der Selbstbestimmung, der Möglichkeiten und Hoffnungen aufdecken.

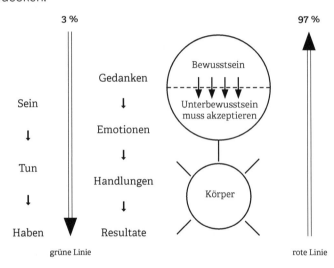

Sie sehen, dass wir den „Kopf" in zwei Teile geteilt haben. Einen oberen (Teil 1) und einen unteren (Teil 2). Teil 1 nennen wir das Bewusstsein. Hier sitzt Ihre Fähigkeit des freien Willens, die Fähigkeit zu denken. Den Unterschied zwischen Bewusstsein (Teil 1) und Unterbewusstsein (Teil 2) möchte ich Ihnen nun erklären.

(Die farbigen Linien sind im s/w-Druck mit „grün" und „rot" beschriftet. Wenn Sie die Druckausgabe in Händen halten, nehmen Sie zwei Stifte und malen die Linien rot bzw. grün an.)

Das Bewusstsein hat die Fähigkeit, Gedanken abzulehnen oder zu akzeptieren. Wahrscheinlich haben Sie sich das noch nicht bewusst gemacht. Man schätzt, dass uns täglich ca. 60.000 Gedanken durch den Kopf schwirren. Wer entscheidet schon bei jedem einzelnen, ob er ihn denken will?

Damit kommen wir auch schon zu einem ersten wichtigen Punkt. Wir denken oft nicht wirklich selbst. Bei diesen 60.000 sogenannten Gedanken handelt es sich häufig nicht um Gedanken, die wir gerade tatsächlich gedacht haben, sondern nur um ein „Abspielen" alter, schon oft gehegter Gedanken. Tut mir leid – aber die meisten Menschen, auch Sie, denken nicht viel.

Denken, wirkliches Denken, ist die bewusste Entscheidung für einen Gedanken. Und dies haben wir in der Regel nicht gelernt. Oder hatten Sie Eltern, Lehrer, die Sie permanent aufforderten: „Bitte denke selbstbestimmt. Du hast die Fähigkeit, meine Gedanken abzulehnen." Nein, das Gegenteil war der Fall: „Frag nicht so viel," „Mache einfach, was ich Dir sage." Darum empfehlen erfolgreiche und weise Menschen die Meditation. Dies bedeutet nichts anderes, als seine „Geistesaktivität" zu kontrollieren und selbstbestimmtes Denken zu lernen.

Versuchen Sie einmal, nicht zu denken. Dann werden Sie merken, dass dennoch Gedankenaktivität vorhanden ist. Also, wer denkt denn? Haben Sie sich wirklich unter Kontrolle, wenn Sie es nicht lassen können? Aber jeder kann das ändern, auch Sie können das. Dazu ist zunächst nur eine grundsätzliche Entscheidung notwendig.

Selbst bewusst zu denken ist die Voraussetzung für jeden Erfolg, den Sie sich wünschen. Denken unterscheidet sich kolossal von Tagträumerei!

*„Wohlstand ist das Produkt der Fähigkeit,
denken zu können."*
— Ayn Rand

*„Die meisten Menschen würden lieber sterben
als denken. Viele tun es."*
— Bertrand Russel

Doch halten wir zunächst nochmals fest: Teil 1, das Bewusstsein, bietet Ihnen die Fähigkeit zu denken, aktiv zu denken, was Sie wirklich denken wollen. Kein Mensch, wirklich kein Mensch kann Sie zwingen, etwas zu denken, was Sie nicht denken wollen. Die Gedanken sind frei! Wir nutzen diese Fähigkeit bisher kaum und „denken" meistens in den gewohnten Bahnen, oft das, was andere uns „eingetrichtert" haben.

Teil 2, Ihr Unterbewusstsein, hat nicht die Fähigkeit, etwas abzulehnen. Dies klingt auf den ersten Blick nach einer Schwäche. Doch es ist keine Schwäche – ganz im Gegenteil! (Lesen Sie auch „Die Macht des Unterbewusstseins" von Dr. Joseph Murphy)

Warum das so ist, erkläre ich Ihnen jetzt. Ihr Unterbewusstsein hat die Eigenschaft, all jene Gedanken und Programmierungen zu akzeptieren, die Ihr Bewusstsein bereits aufgenommen hat. Dabei kann es nicht zwischen real und irreal unterscheiden, und es ist nicht in der Lage, etwas abzulehnen.

Jeder Gedanke ist im Unterbewusstsein mit einer Emotion verbunden. Diese Verknüpfung brauchen wir, um die Programmierung in allen Zellen zu speichern. Im Wort Emotion finden Sie auch den Wortteil „Motion," also Bewegung. Dies bedeutet für uns zweierlei. Zum einen macht es deutlich, dass wir kein starres Etwas sind, sondern dass alle Zellen ständig vibrieren und in Bewegung sind. Zweitens bedeutet das Wort, dass wir über die Emotion „in Bewegung" und damit zur Handlung kommen.

Unsere Emotionen entscheiden, wie wir handeln. Und unsere Handlungen entscheiden, welche Resultate wir erzielen.

Sind Ihnen die Zusammenhänge nun klar? Die Gedanken beeinflussen die Programmierung des Unterbewusstseins, das Unterbewusstsein ist mit unseren Emotionen verknüpft, Emotionen bestimmen unsere Handlungen, und unsere Handlungen bestimmen unsere Resultate!

Was folgt daraus? Wenn Sie andere Ergebnisse haben wollen, brauchen Sie andere Gedanken! Sie müssen oben anfangen. Deshalb müssen Sie der grünen Linie folgen. Leider tun das nur drei Prozent der Menschen.

Ihr Unterbewusstsein ist wie die Software eines Computers. Es führt nur die Aufgaben aus, die entsprechend der Programmierung möglich sind. Selbst wenn Sie als Computernutzer eine Idee haben, welche Aufgabe der Computer für Sie lösen soll, wird dies nur dann gehen, wenn die Software, die Programmierung, die Lösung dieser Aufgabe zulässt.

Haben Sie es nicht auch schon oft erlebt, dass Sie die Idee, den Wunsch hatten, etwas zu verändern, aber Sie haben es letztendlich doch nicht getan? Denken allein reicht nicht, wenn die Programmierung nicht geändert wird. Verstehen Sie jetzt, welche Macht Ihr Unterbewusstsein hat?

> *„Der Geist ist die Hauptkraft, die formt und macht. Der Mensch hat Verstand. Und je mehr du dieses Werkzeug, den Verstand und die Gedanken, benutzt und formst, was du willst, umso mehr entstehen Tausende von Freuden – oder Tausende von Erkrankungen. Du denkst im Geheimen, und es passiert etwas: so ist die Umwelt dein Spiegel."*
> — James Allen, Schriftsteller, 1864-1912

Mit anderen Worten: Ihre Programmierung und Ihre Glaubenssätze bestimmen Ihr Schicksal.

Nun muss man wissen, dass in den ersten Lebensjahren unser Bewusstsein (Teil 1) noch nicht ausgeprägt ist. Das heisst, wir sind in den ersten drei Jahren unseres Lebens nicht in der Lage, Gedanken von aussen abzulehnen. Das ist in gewisser Weise auch gut so. Denn das Unterbewusstsein hat die Aufgabe, uns das Leben leichter zu machen und uns zu schützen. Es ist richtig, dass Eltern die Möglichkeit haben, uns gleich zu Beginn unseres Lebens die überlebenswichtigen Dinge beizubringen, ohne dass wir sie ablehnen können.

Stellen Sie sich vor, Sie würden in grauer Vorzeit leben, als es noch Löwen um Sie herum gab, die Sie fressen wollten. Ihre Eltern brachten Ihnen bei, bei bestimmten Geräuschen oder Anblicken, die Sie mit einem Löwen in Verbindung brachten, sofort zu fliehen. Das war gut so. Natürlich hätten Sie sagen können: „Ich lehne die Glaubenssätze meiner Eltern ab. Ich will immer erst selbst gründlich prüfen, ob es sich wirklich um einen Löwen handelt." Möglicherweise hätten Sie dann vom Ergebnis Ihrer Prüfung nicht mehr berichten können.

Also war und ist es für unser Überleben sinnvoll, dass wir so programmierbar sind. Mittlerweile haben sich die Zeiten etwas geändert, und die Gefahren sind andere als damals. Heute ist es zum Beispiel der Strassenverkehr, vor dem Eltern warnen.

Doch jede Medaille hat zwei Seiten. Erstens lernen wir in den ersten Lebensjahren nicht, unseren Ablehnmechanismus zu nutzen. Auf diese Weise dringt vieles in unser Unterbewusstsein, was wir nicht kontrollieren und was uns im späteren Leben behindert.

Zweitens wurde alles, was Ihre Eltern, Nachbarn oder Verwandten in Ihrer Gegenwart zum Thema Geld gesagt haben, in Ihrem Unterbewusstsein gespeichert wie auf der Festplatte eines Computers. Sie müssen nicht einmal wissen, was genau gespeichert wurde, an viele Dinge erinnern Sie sich gar nicht. Wie beim Computer kann jemand anderes etwas programmiert haben, ohne dass Sie es wissen. Der Computer funktioniert aber so, wie er programmiert wurde und nicht so, wie Sie es gerade wünschen oder wollen.

Deshalb haben Sie auch schon oft im Leben die Erfahrung gemacht, dass Sie etwas erreichen wollten, aber nicht durchhielten, vom Kurs abkamen und schliesslich aufgaben.

Bevor wir dies weiter erläutern, zunächst eine kleine Aufgabe. Am besten schliessen Sie bei der Durchführung die Augen. Ich möchte, dass Sie sich entspannen und gedanklich in Ihre Kindheit, in Ihre ersten Lebensjahre zurückgehen. Wie lebten Sie da? Mit wem lebten Sie da? Was wurde damals über Geld, Vermieter, Geschäftsleute, Firmeninhaber, Banken oder reiche Leute gesagt? Welche Aussagen, welche Glaubenssätze kursierten bei Ihnen zuhause, im Kindergarten oder in der Kirche?

Entspannen Sie sich und machen Sie eine Liste. Gehen Sie auf die Suche nach den versteckten Programmierungen. Ob Sie daran glauben oder nicht – die gespeicherten Glaubenssätze bestimmen heute noch immer Ihr Leben, wenn Sie diese nicht ausgewechselt haben.

Bitte machen Sie *jetzt* Ihre Liste!

Na, was haben Sie entdeckt? Ich berichte Ihnen mal aus meinem Leben. Ein Beispiel: Bei uns zuhause war Geld immer knapp. Immer wurde gesprochen von den anderen, denen es so viel besser zu gehen schien. Viel Geld zu haben bedeutete, dass etwas nicht mit rechten Dingen zugehen konnte.

Eine Geschichte aus meiner Kindheit möchte ich hier besonders hervorheben. Ich kam, wie alle, als kleines, hilfloses Wesen auf die Welt, und die zwei grossen Erwachsenen, bei denen ich lebte, hielt ich für allmächtig. Besonders mein Vater schien alles zu meistern. Er war so kräftig. Er hatte vor nichts Angst. Mit ihm wagte ich mich in den Keller und in den dunklen Wald. Mit ihm traute ich mich einfach alles. Wenn wir in die Stadt gingen und die vielen Menschen auf dem Marktplatz mich ängstigten, an seiner Hand war alles in Ordnung. Wenn mich irgendwer oder irgendetwas bedrohte, an seiner Hand fühlte ich mich sofort sicher. In meinen Augen war er superstark.

Eines Tages ging ich wieder mit ihm in die Stadt, und er hielt mich wie üblich an der Hand. Wieder spürte ich seine Stärke und fühlte mich sicher. Wir gingen durch eine grosse Glastür, und plötzlich war alles anders. Ich wurde unruhig. Mein Vater fühlte sich nicht mehr so stark an. Ich spürte Unsicherheit bei ihm, die sich sofort auf mich übertrug. Der superstarke, allmächtige Erwachsene, so wie ich ihn bisher kannte, zeigte eine neue Seite, gab mir ein neues Gefühl: Unsicherheit. Wo waren wir? Wir hatten eine Bank betreten. Und schon prägte ich mir ein: Bank – Vorsicht! Sie ist mächtiger als mein Vater.

Es dauerte lange, bis ich diese Programmierung ändern konnte, und zwischendurch hat sich die Bank alle erdenkliche Mühe gegeben, dieses Gefühl aufrechtzuerhalten. Als ich meinen ersten Kredit haben wollte, kam ich mir wie ein Bittsteller vor, und wie von Gottes Gnaden wurde mir schliesslich ein Kredit gewährt. Ich bin damals überhaupt nicht auf die Idee gekommen, dass ich Kunde bin und der Bank Gelegenheit gebe, an mir zu verdienen. Nachdem ich irgendwann begriffen hatte, dass die Beziehung zu meiner Bank nur eine Geschäftsbeziehung ist wie jede andere auch, konnte ich mein Verhaltensmuster ändern.

Egal, ob es beim Bäcker ist oder beim Autohändler – in der Regel frage ich immer nach dem Preis, der Qualität, eventuell nach den Zahlungsmodalitäten. Ebenso verhalte ich mich heute in der Bank, wenn ich Geld kaufe. Es ist ein Geschäft wie jedes andere auch – nur die Ware ist eine andere.

Erst nachdem ich meine Konditionierung geändert hatte, konnte ich auch die Geschäftsbeziehung zu der Bank für mich vorteilhafter gestalten. Seit dieses Gefühl der Abhängigkeit verschwunden ist, verhandle ich bei Geldgeschäften klarer und spreche energischer über das, was ich will.

Was *ich* will! Haben Sie es bemerkt? Es geht um die Reihenfolge! Zunächst kommt der Wille (Gedanke, Idee), dann die Programmierung des Unterbewusstseins, dann neue Emotionen (des selbständigen, unabhängigen Kunden). Daraus folgen andere Handlungen (Angebote vergleichen, verhandeln) und logischerweise andere Resultate (bessere Konditionen).

Denn die Glaubenssätze, die wir von anderen aufgeschnappt haben, haben uns im Regelfall mehr Geld gekostet als gebracht. Prüfen Sie es für sich selbst!

Mangelnde Qualität unseres Investmentverhaltens führt zum Geldverlust, ist aber immer auf unsere Glaubenssätze zurückzuführen. Deshalb müssen wir diese zugrunde liegenden Glaubenssätze finden, eliminieren und durch neue, konstruktive ersetzen. Das bedeutet dann aber auch, unsere Gewohnheiten zu ändern!

Nun zum wichtigsten Abschnitt dieses Kapitels:

Nur wenn Sie die eben genannte Reihenfolge (grüne Linie) einhalten, erzielen Sie Änderungen in Ihrem Leben. Wenn Sie genau wissen, was Sie wollen, wenn Ihr Ziel klar ist, dann können Sie alle Gedanken ablehnen, die nicht förderlich für dieses Ziel sind. Dazu ist Willenskraft nötig. Aber diese kostet nichts und steht jedem zur Verfügung. Vielleicht noch ungenutzt, aber jeder kann seinen Willen trainieren. Das wiederum funktioniert aber nur, wenn man weiss, was man will!

Viele Menschen glauben, sie hätten Schwierigkeiten, „nein" zu sagen. Ich hingegen behaupte: Sie haben immer nur dann Schwierigkeiten, „nein" zu sagen, wenn Sie zu etwas anderem nicht eindeutig „ja" gesagt haben.

Wenn ich weiss, was ich will, und meine Gedanken kontrolliere, dann kann ich mir die entsprechenden Bilder vorstellen und mich in die entsprechenden Emotionen hinein fühlen. Diese Bilder und Emotionen werden verankert. Natürlich fühlt sich der Besuch in der Bank unterschiedlich an – je nachdem, ob ich mich als abhängiger Bittsteller oder als selbstbewusster Kunde sehe.

Zuhause fällt es Ihnen sicher leichter, sich den Unterschied vorzustellen. Sie können es, wenn Sie allein sind! Sie können sich ein starkes Gefühl in der Bank, bei Ihrem Chef vorstellen. Sie können entscheiden, wie Sie sich fühlen. Haben Sie dies richtig verstanden? Sie, ja, *Sie alleine* entscheiden, wie Sie sich fühlen. Es sind allein Ihre Gedanken, die Ihre Gefühle bestimmen, aber natürlich nur dann, wenn Sie sich bewusst für Gedanken entscheiden. Wenn Sie Ihr bewusstes Denken nicht einsetzen, kann jeder Impuls von aussen ein bestimmtes Verhaltensmuster auslösen. Dann werden sofort Emotionen (= unbewusste Gefühle) frei, und es ergibt sich eine Handlung, die Sie nicht möchten, und ein Resultat, das Sie ebenfalls nicht möchten.

Noch etwas zur Erklärung: Schauen Sie sich bitte an, an welcher Stelle des Strichmännchens wir die Emotion eingezeichnet haben. Sie ist etwa dort, wo das Herz und/oder der Bauch sind.

Ich erwähnte schon, dass in Emotion auch das Wort Motion (Bewegung) steckt. Jede unserer Zellen schwingt und vibriert. Diese Schwingungsfrequenz ist es, welche die sogenannte Anziehung ausmacht. Hier gilt wieder einmal ein Naturgesetz, das Gesetz der Anziehung. Wir ziehen das an, was wir aussenden. Das bedeutet: Alles, was Ihnen im Leben widerfährt, haben Sie entsprechend Ihrer Schwingung „angezogen." Nicht zuletzt aus diesem Grund ist es nötig, dass Sie Ihre Schwingung ändern.

An dieser Stelle möchte ich auch noch einmal den Unterschied zwischen Denken, Glauben und Erwarten deutlich machen. Sie können im Bewusstsein denken, was Sie wollen, es wird allein keine grosse Veränderung für Sie bewirken. Sie müssen die neue Programmierung im Unterbewusstsein haben, entsprechend verknüpft mit der Emotion und der sicheren Erwartung, dass das eintritt, was Sie sich wünschen.

Selbst Jesus konnte nur heilen, wenn die Kranken an Heilung glaubten und das Ergebnis erwarteten. Auch in der heutigen Medizin hängen Heilerfolge enorm davon ab, ob Patient und (!) Arzt den Heilungserfolg wirklich erwarten. Gegen Ihren Glauben können Sie nichts, aber auch rein gar nichts bewirken. Wie heisst doch ein altes Sprichwort: Der Glaube versetzt Berge!

Mit anderen Worten: Sie können denken, was immer Sie wollen. Wenn Ihr Glaube und Ihre Erwartung nicht mit Ihrem Denken übereinstimmen, werden Sie nichts erreichen. Stattdessen wird das eintreffen, was Ihre innere Stimme vorhergesagt hat.

So viele sagen: „Ich möchte Millionär werden." Aber in ihrem Inneren glauben sie nicht daran. Wer siegt? – Die innere Stimme!

Denn wir haben nur dann die richtige Schwingung zur Anziehung des Gewünschten, wenn die Vibration von unserem „Herzen" bzw. unserem „Bauch" ausgeht. Darum funktioniert positives Denken allein – ohne die Verknüpfung mit neuen Emotionen – nicht.

Alles, was Sie erwarten, wird früher oder später eintreffen. Der amerikanische Soziologe Robert Morton prägte in diesem Zusammenhang auch den Begriff der „sich selbst erfüllenden Prophezeiung." Erwartungen bilden einen starken Sog für die Zukunft. Erfolgreiche Menschen versprühen eine starke positive Selbsterwartung. Raymond Holliwell formuliert es in seinem Buch „Geistige Gesetze" so:

> „Wer etwas wünscht, erwartet es. Wer etwas erwartet, erreicht es."

Es ist sinnlos, sich etwas zu wünschen, ohne zu erwarten, dass man es auch bekommen wird. Denn ein Wunsch ohne Erwartung ist vergebliches Wünschen oder einfach nur Träumerei. Viele Menschen wünschen sich schöne Dinge, ohne sie zu erwarten oder sich wirklich darum zu bemühen, sie zu bekommen. Sie fangen viel versprechend an, schaffen aber nur den halben Weg zu ihrem Ziel. Dann wieder gibt es Menschen, die Dinge erwarten, die sie nicht wollen, die aber oft eintreten. Um es auf den Punkt zu bringen:

> „Erwarten Sie nie etwas, das Sie gar nicht wollten, und wünschen Sie sich nie etwas, das Sie gar nicht erwarten. Wenn Sie etwas erwarten, das Sie nicht wollen, ziehen Sie das Ungewünschte an, und wenn Sie etwas wünschen, das Sie nicht erwarten, verschwenden Sie nur wertvolle Geisteskraft."
> — Raymond Holliwell

Daraus ergeben sich zwei sehr wichtige Konsequenzen:

Wir bekommen nicht das, was wir wollen. Wir bekommen das, was unserer Schwingung entspricht, was wir sind! Nicht allein, weil wir etwas denken und wollen, bekommen wir ein bestimmtes Resultat. Sondern, weil wir es bereits sind, weil wir entsprechend der richtigen Emotion schwingen und das Gewünschte anziehen.

Richard Bach beschreibt diese Gesetzmässigkeit in seinem Buch „Die Möwe Jonathan" so: „Du musst schon da sein, bevor du angekommen bist." Und von Goethe stammt der schöne Satz: „Man muss erst jemand sein, bevor man etwas tun kann." Oder wie wir heutzutage in Kurzform sagen: sein – tun – haben.

Leider wird uns vom ersten Tag unserer Geburt an vorgegeben, was wir zu denken, zu fühlen und zu glauben haben. Wir werden geprägt von der Einstellung unserer Eltern, Grosseltern und Lehrer. Wir sind das Produkt der Denkgewohnheiten anderer Menschen.

Aber egal, wer Sie programmiert hat: Machen Sie jetzt bitte keine Schuldzuweisungen. Egal, von wem Ihr Computer die Software hat, die Sie heute nicht mehr brauchen – Sie können diese Software ändern! Programmieren Sie sich einfach um!

Darum hier die zweite Konsequenz:

Denken Sie immer vom Ziel her (grüne Linie)! Dann haben Sie die Möglichkeit, durch die Einhaltung der richtigen Reihenfolge (Denken – Unterbewusstsein – Emotion – Handlung – Resultat) immer die gewünschte dazugehörende Emotion auszulösen. Das Gesetz der Anziehung beginnt für Sie zu arbeiten.

Die meisten Menschen – vermutlich bisher auch Sie – denken anders herum (rote Linie), das heisst, sie schauen sich Ihre Resultate an! Ein leeres Bankkonto, eingehende Rechnungen, die unschöne Wirklichkeit eben. Von dort aus programmieren Sie sich. Die Reihenfolge sieht jetzt so aus: Resultat – Handlung – Emotion – Programmierung – Denken. Erkennen Sie den Unterschied? Leeres Bankkonto – „Ich kann nichts tun" – Gefühl der Armut, Frustration, Ohnmacht – Programmierung: „Ich armer Mensch" – Denken: „Es wird nie etwas aus mir!" Alte Emotion bedeutet Beibehaltung der alten Schwingungen und damit Anziehung des alten ungewünschten Ergebnisses. Sie bleiben da, wo Sie sind, verstärken sogar noch die Energie und bekommen damit noch mehr von dem, was Sie eigentlich nicht wollen.

Sobald ihr Bankkonto im Minus ist, empfinden die meisten Menschen unbewusst ein Gefühl des Mangels, das sich dann im Bewusstsein manifestiert. Auf diese Weise entsteht ein schicksalhafter Kreislauf. Denn aus Mangel resultiert wieder Mangel. Die Folge: Arme Menschen bleiben ewig arm – es sei denn, sie ändern ihre Denkweise.

Wenn Sie Ihre Gedanken und Emotionen vom Resultat beeinflussen lassen, dann ziehen Sie immer mehr von dem an, was Sie eben nicht wollen, worüber Sie sich vielleicht sogar ärgern. Aber Ärger ist Emotion, also bekommen Sie mehr Ärger!

Das Gleiche gilt für Neid. Wer gegenüber reichen Menschen neidisch oder eifersüchtig ist, blockiert sich selbst. Denn wenn Sie Neid empfinden, signalisieren Sie Ihrem Unterbewusstsein: Es ist nicht okay, dass der Nachbar so ein tolles Auto hat. Ihr Unterbewusstsein bekommt die Programmierung: Es ist nicht okay, so ein tolles Auto zu besitzen. Achten Sie also darauf, dass Sie andere nicht um Erfolg oder Wohlstand beneiden. Freuen Sie sich stattdessen über den Wohlstand anderer! Dann wird das Geld auch zu Ihnen kommen.

Neueste Forschungen des University College London, die Benedetto de Martino geleitet hat, sollen beweisen, dass die Emotionen unsere Entscheidungen bestimmen. Das gilt aber nur für die 97%, die der roten Linie folgen, denn dann kommen wir immer über die Emotionen zu unseren „Entscheidungen im Kopf." Wir müssen aber nicht Opfer unserer erlernten und gespeicherten Emotionen bleiben. Wir können und müssen unsere Emotionen ändern, wenn wir andere Resultate haben möchten. Die Quantenphysik hat ebenfalls bewiesen, dass der Geist die Materie beeinflussen kann. Und es gibt so viele praktische Beispiele heute. So wurde in diversen Tageszeitungen darüber berichtet, dass es heute für Behinderte, die nicht sprechen und sich nicht bewegen können, die Möglichkeit gibt, mit ihrer Gedankenaktivität Computercursor zu bewegen, die dann Buchstaben anklicken. Dadurch ist es den Behinderten möglich, etwas zu schreiben und über einen Sprachcomputer sogar zu „sprechen." Wenn wir solche Beispiele in der Presse sehen, nehmen wir die eigentliche Bedeutung für uns nicht wahr, denn wir sind ja nicht behindert. Aber es zeigt deutlich, dass der Geist Materie bewegen kann. Also können Sie es auch. Fangen Sie heute an! Mehr dazu lesen Sie später im Buch unter Punkt 4 im 7-Punkte-Erfolgsprogramm.

> *„Du denkst im Geheimen, und es passiert: so ist die Umwelt dein Spiegel."*

James Allen schrieb diese Worte vor mehr als hundert Jahren. Aber sie gelten heute wie damals und werden auch in Zukunft Gültigkeit haben. Programmieren Sie Ihr Unterbewusstsein auf Reichtum, und Reichtum wird als Resultat in Ihrer materiellen Welt zum Ausdruck kommen. Was Sie erwarten, ziehen Sie an; und was Sie anziehen, werden Sie schliesslich auch bekommen. So will es das Gesetz der Anziehung.

Dieses Naturgesetz hängt eng zusammen mit dem Gesetz der Schwingung. Das bedeutet: Alles vibriert oder bewegt sich, nichts steht still. Vom kleinsten Elektron bis zum grössten Planeten befindet sich alles in einem Zustand konstanter Schwingung. Alles, was Sie sehen, hören, riechen, schmecken oder fühlen, ist in ständiger Bewegung.

Alles in diesem Universum ist durch das Gesetz der Schwingung mit allem verbunden. So wie das kochende Wasser mit dem Dampf verbunden ist, zu dem es wird, und der Strom mit der Luft, in die er sich verwandelt. Meist sind wir gar nicht in der Lage zu entscheiden, wo eine Sache beginnt und die andere aufhört. Denken Sie nur an die Farben eines Regenbogens, die ineinander übergehen.

Jedes physikalische Objekt sendet Schwingungen aus. Kommen Sie nahe genug an ein Objekt heran, werden Sie von seiner Schwingung beeinflusst – ob Sie es nun wollen oder nicht. Ein Beispiel: Von den Bäumen im Wald geht eine wunderbare Schwingung aus. Können Sie noch die unterschiedlichen Schwingungen bewusst wahrnehmen, oder haben Sie dazu „keine Zeit" mehr?

Eine alte Lebensweisheit sagt:

> „Wenn Du die Früchte ändern willst,
> musst Du die Wurzeln ändern!
> Wenn du das Sichtbare ändern willst, musst Du das Unsichtbare ändern!"

Genau darin liegt der Schlüssel zum Erfolg. Mehr müssen Sie im Grunde gar nicht verinnerlichen. Wenn Sie das Gesetz der Anziehung verstanden haben und sich entsprechend verhalten, wird sich Ihr Leben grundlegend ändern.

Erkenntnis- und Fokusbögen

Sie wissen nun, wie Sie denken, fühlen, und handeln müssen, um im richtigen Einklang zu sein, um die gewünschten Erfolge zu haben. Bei einem Motor würden wir sagen, er muss richtig eingestellt sein. Auch wir brauchen die richtige Einstellung. Damit Sie diese finden können, werde ich Ihnen in diesem Buch ab und an Fragen stellen (erkennbar am Zeichen ❶), die Sie mit Hilfe von speziell entwickelten Erkenntnis- und Fokus-Bögen für sich beantworten können.

Blättern sie nun kurz zum Anhang und schauen sich diese Arbeitsbögen an. Im Erkenntnisbogen finden Sie die Fragen:

- Was denke ich bisher?
- Was fühle ich bisher?
- Wie handle ich bisher?

Nehmen Sie eine Situation aus den vergangenen Wochen, bei der Sie sich nicht wohl gefühlt haben oder Sie nicht das gewünschte Ergebnis erzielt haben. Tragen Sie in der obersten Zeile des Bogens dieses Situation in Stichworten ein. Dann beantworten Sie diese Frage:

- Was haben Sie in dieser Situation gedacht?

Seien Sie ehrlich zu sich selbst! Wenn Sie sich erinnern, was Sie dabei gedacht haben, können Sie vielleicht schon jetzt sehen, ob es für Sie zielführend war. Aber ich bitte Sie dennoch, den Bogen genau auszufüllen, damit es absolut klar ist, und wir wollen hier ja üben.

So, und nun die zweite Frage:

- Was haben Sie gefühlt, während Sie so dachten? Vielleicht wissen Sie sogar noch, wo das Gefühl in Ihrem Körper sass?

Und nun die dritte:

- Wie haben Sie gehandelt, während Sie so dachten und fühlten?

Wenn Sie alle drei Fragen beantwortet haben, werden Sie erkennen, dass Ihr Denken, Fühlen und Handeln genau aufeinander aufbauen und eine zusammenpassende Einheit sind. Sie erkennen vielleicht jetzt schon, dass Sie gar kein anderes Ergebnis erreichen konnten.

Jetzt nehmen Sie sich bitte den Fokusbogen vor. Sie wollen in Zukunft ja ein anderes Ergebnis. Denken Sie an die grüne Linie! Denken Sie an das, was Sie wirklich, wirklich wollen.

- Was wollen Sie denken?
- Wie wollen Sie sich gerne fühlen?
- Wie wollen Sie gerne handeln?

Füllen Sie den Bogen aus und erkennen Sie, wie Ihre Gedanken über die Emotionen Ihre Handlung bestimmen. Und logischerweise folgen aus Ihren unterschiedlichen Handlungen unterschiedliche Ergebnisse.

Die Erkenntnis- und Fokusbögen sind allgemeingültige „Erfolgspapiere," die Sie für alle Lebensbereiche nutzen können. Hier im Buch werden wir sie in Bezug auf unser Thema anwenden.

„Die meisten Menschen denken, sie wollen mehr Geld, als sie wirklich brauchen, und dann geben sie sich mit weniger zufrieden, als sie bekommen könnten."
— *Earl Nightingale*

Das 7-Punkte-Erfolgsprogramm

Auf den vorangegangenen Seiten habe ich Sie mit dem Naturgesetz von Ursache und Wirkung, dem Konzept des Strichmännchens und dem Unterschied zwischen Bewusstsein und Unterbewusstsein vertraut gemacht. Aus diesen Wirkprinzipien ergibt sich ein 7-Punkte-Erfolgsprogramm, das ich Ihnen nun vorstellen möchte.

1. Entscheidung ohne Wenn und Aber

Im ersten Schritt geht es darum, eine grundsätzliche Entscheidung über Ihr künftiges Leben zu treffen. Wollen Sie ein Gewinner oder ein Verlierer sein? Gestalter oder Opfer? Möchten Sie finanziell unabhängig sein oder sich auf Dauer nur mit dem Nötigen begnügen? Die meisten Menschen haben drei finanzielle Hauptziele mit unterschiedlicher Priorität: Zuerst möchten sie abgesichert sein, danach kommt der Wunsch, komfortabel zu leben, und erst an dritter Stelle steht Reichtum.

Dabei bin ich mir sicher, dass sich ihr Leben von Grund auf zum Positiven ändern würde, sobald sie die Prioritäten umkehren und sich für folgende Reihenfolge entscheiden: reich sein, komfortabel leben, abgesichert sein. Sie müssen nur einmal in ihrem tiefsten Inneren die Entscheidung treffen, wirtschaftlich unabhängig zu sein und dann die notwendigen Schritte hierfür unternehmen.

Sind Sie bereit, diese Entscheidung zu treffen? Wollen Sie künftig auf der Seite der Gewinner stehen? Werden Sie sich darüber klar – wenn möglich schnell. Denn eines ist sicher: mangelnde Entscheidungskraft ist einer der Hauptgründe für Misserfolg. Das gilt für den beruflichen wie für den privaten Bereich. Die Neigung, alles hinauszuschieben, ist eine Charakterschwäche, die für viele Menschen bezeichnend ist. Wer unentschlossen ist, kommt oft zu spät. Und wer zu spät kommt, den bestraft bekanntlich das Leben.

Die sogenannten erfolgreichen Menschen sind es gewohnt, schnelle Entscheidungen zu treffen und diese – wenn überhaupt – nur nach langem und reiflichem Überlegen zu ändern oder zu widerrufen. Das haben Studien über Millionäre und Multimillionäre ergeben, die Napoleon Hill für sein Buch „Denke nach und werde reich" durchgeführt hat. Leute, deren Traum vom grossen Geld zeitlebens unerfüllt bleibt, treffen ihre Entscheidungen oft nur zögernd und widerwillig und sind allzu gern bereit, diese umzuwerfen.

Menschen, die entscheidungsschwach sind, werden meist schon im Elternhaus entsprechend erzogen. Auch in der Schule lernen sie nichts über die Fähigkeit, Entscheidungen zu treffen. Unentschlossenheit wird so zu einer Haltung, die Kinder in jungen Jahren annehmen und im späteren Leben wie eine schlechte Angewohnheit beibehalten.

Die Alternativen töten

Was aber ist eine Entscheidung? Oberstes Kriterium für eine wirkliche Entscheidung: sie muss verbindlich sein. Doch viele Menschen wissen gar nicht, was es heisst, eine verbindliche Entscheidung zu treffen. Sie begreifen nicht, welche Veränderung eine wirkliche Entscheidung mit sich bringt. Oft wird der Begriff Entscheidung sehr allgemein verwendet und bringt unsere Wünsche, aber nicht unsere Verpflichtungen zum Ausdruck. Statt Entscheidungen zu treffen, reden wir über unsere Wünsche.

Aufschluss darüber, was eine wirkliche Entscheidung bedeutet, gibt die Etymologie des Wortes. Denn Entscheidung bedeutet: scheiden, trennen. Also, aus Wahlmöglichkeiten, aus Alternativen eine auszuwählen. Im Englischen wird es vielleicht noch deutlicher. Entscheidung heisst dort *decision*, und das geht zurück auf lateinisch „de" (dt. von) und „caedere" (dt. schneiden, töten, erschlagen). Eine Entscheidung für eine Sache zu treffen, bedeutet also, konsequent die Alternativen „zu töten." Mit anderen Worten: Wer eine Entscheidung trifft, verpflichtet sich, sein Ziel zu erreichen, und schliesst jede andere Möglichkeit aus.

Sobald wir uns zu einer verbindlichen Entscheidung durchgerungen haben, fühlen wir uns meistens erleichtert – vor allem, wenn es eine schwierige Entscheidung war. Es ist, als ob eine schwere Last von unseren Schultern genommen wurde.

Leider habe auch ich erst spät in meinem Leben gelernt, wirkliche Entscheidungen zu treffen. In meiner Kindheit war eine Entscheidung für mich oft nur Mittel zum Zweck, um einer Situation zu entfliehen. Ich erinnere mich, dass mich mein Vater oft mahnte: „Nun entscheide dich endlich mal!" Meist antwortete ich dann irgendetwas, um mich keinen weiteren Diskussionen stellen zu müssen.

In meinem späteren Leben war es ähnlich. Ich entschied mich für das eine oder das andere, um bestimmten Situationen aus dem Weg zu gehen. Mit einer wirklichen Entscheidung hatte dieses Verhalten oft nichts zu tun. Es ging nicht darum, abzuwägen, was ich wirklich will. Es ging auch nicht darum, verbindlich „Ja" zu sagen, die Alternativen zu „töten" und dann den eingeschlagenen Weg konsequent zu gehen. Es ging meist mehr darum, etwas abzuwählen, etwas nicht zu tun. Heute weiss ich es besser und bin konsequenter. Probieren Sie es einmal mit einer wirklichen Entscheidung. Es wirkt Wunder!

Die Eroberung von Gibraltar

Vielleicht wissen manche von Ihnen, dass ich 12 Jahre in Gibraltar wohnte. Aus meiner damaligen Wahlheimat ist ein schönes Beispiel für eine Entscheidung ohne Alternative überliefert. Der Name Gibraltar stammt aus dem Arabischen (Dschebel al-Tarik) und heisst „Berg des Tarik" – nach Tariq ibn Ziyad, einem maurischen Feldherrn. Dieser erkannte die strategische Bedeutung Gibraltars und fiel im Jahr 711 mit rund 7.000 Mann, über die Strasse von Gibraltar kommend, auf der Iberischen Halbinsel ein. Kaum waren er und seine Männer an Land, standen sie einer Überzahl spanischer Krieger gegenüber. Die Männer Tariqs wären am liebsten auf ihre Boote zurückgekehrt und nach Hause gesegelt. Aber Tariq griff zu einer List: Er liess die Boote verbrennen und stellte seine Krieger vor die Wahl: kämpfen und gewinnen, leben, oder einfach aufgeben und unter den Säbeln der Spanier sterben. Tariqs Männer entschieden sich dafür zu kämpfen. Jede andere Möglichkeit war für sie ausgeschlossen. Wie die Geschichte ausgegangen ist? Tariqs Krieger besiegten die Spanier am 18. Juli 711 in einer legendären Schlacht. Die Spanier verloren, weil sie sich nicht wirklich entschieden hatten zu siegen und die Alternative „Rückzug ins Hinterland" nicht getötet hatten.

Hier sieht es vielleicht so aus, als ob die Mauren keine Wahl hatten. Die Schiffe waren verbrannt. Die Wahl, die Schiffe zu nutzen, war nicht mehr gegeben. Aber es blieb ihnen die Wahl der Kapitulation oder des Kampfes. Es blieb ihnen die Wahl, einfach nur zu kämpfen, um sich zu verteidigen, oder zu kämpfen mit dem starken, hundertzwanzigprozentigen Willen, siegen zu wollen.

Wir haben immer eine Wahl! Und daher haben wir immer Entscheidungen zu treffen. Ob bewusst oder unbewusst, wir fällen täglich Hunderte von Entscheidungen. Hunderte von Entscheidungen, die unserem Leben mindestens in Nuancen eine unterschiedliche Richtung geben. Lassen Sie einfach mal Ihren gestrigen Tag Revue passieren. Wählen Sie zehn Entscheidungen aus. Und dann spielen Sie in Gedanken einmal durch, wie Ihr Leben verlaufen würde, wenn Sie diese zehn Entscheidungen völlig anders getroffen hätten. Sie werden sehen, dass auch bei angeblich unwichtigeren Themen Ihre Entscheidungen Ihren Lebensweg beeinflussen und auf lange Sicht durch tägliche Entscheidungen grosse Unterschiede entstehen. Es ist wie beim Autofahren. Eine winzig kleine Drehung des Lenkrades, eine minimale Abweichung vom bisherigen Kurs mag nicht sofort sichtbar sein. Aber wenn Sie 1.000 Kilometer weiterfahren, wird die Abweichung sehr gross sein. Beim Autofahren kommt es so nicht vor, dass wir lange vom Kurs abkommen. Wir können natürlich falsch abbiegen, und eine minimale Veränderung kann uns schnell mit der Leitplanke in Kontakt bringen. Für das Leben aber haben wir diese Leitplanken nicht, wenn wir sie uns nicht selber setzen. Dafür brauchen wir die klare Entscheidung, Eigenverantwortung zu übernehmen. Und von dem Moment an gehen wir bewusster durchs Leben.

Zu einer verbindlichen Entscheidung gehört die bewusste Freiheit der Entscheidung. Wie bei der Frage der Kampfeinstellung kommt es bei der wirklich bewussten Entscheidung darauf an, was ich im Inneren wirklich will, was der wirkliche Beweggrund ist. Die sogenannten Erfolgreichen wissen was sie wollen, was sie wirklich im Inneren wollen, und entscheiden sich klar dafür.

Sind Sie bereit, verbindliche, unumstössliche Entscheidungen ohne Wenn und Aber zu treffen? Wofür Sie sich bisher wirklich entschieden haben, können Sie Ihrem Terminkalender und Ihrem Bankkonto entnehmen. Mit wem verbringen Sie Ihre Zeit? Wofür geben Sie Geld aus? Es ist einerlei, was für Sie wichtig ist oder was Sie glauben, dass Ihnen wichtig ist. Ihr Terminkalender und Ihr Bankkonto sprechen eine klare Sprache. Sie geben Antwort darauf, welche Entscheidungen Sie in der Vergangenheit getroffen haben. Stimmen die Termine und Ihre Geldausgaben mit Ihren Träumen überein? Zeigt sich hier, dass Sie eine klare Entscheidung getroffen haben oder dass jemand anderes über Sie bestimmt?

Alles ist möglich

Vielleicht sind Sie mit der Vorstellung gross geworden, dass andere Leute besser sind als Sie. Bitte machen Sie sich von diesem Vorurteil frei! Sie sind genauso gut und leistungsfähig wie alle, die Sie kennen oder nicht kennen. Und Sie haben die Möglichkeit, die Ergebnisse, die Sie bisher erzielt haben, deutlich zu verbessern. Sie besitzen das Potenzial, noch erfolgreicher zu werden als die anderen. Denn Ihre potenzielle Kraft ist unbegrenzt: Deshalb sind Sie in der Lage, noch grössere Ziele zu erreichen als andere.

Auf den nächsten Seiten erhalten Sie mehr Informationen hierzu. Was auch immer es sein mag – Sie sind in der Lage, es zu schaffen. Doch Sie müssen sich entscheiden, es wirklich zu tun. Menschen, die eine verbindliche Entscheidung getroffen haben, nehmen ihr Leben, ihr Schicksal und ihre Zukunft in die eigene Hand. Sie erfüllen ihr Soll und erreichen so Jahr für Jahr die vorgegebenen Ziele. Wenn Sie eine wirkliche Entscheidung getroffen haben, ist es ja auch leicht, zu den täglichen Fragen eine klare Position zu beziehen. Es gibt dann kein *Zwei-feln* mehr, sondern nur *Ein-deutigkeit*. Ihre Energie ist fokussierter, Sie sind kraftvoller! Sie können es tun, und Sie können sofort damit anfangen!

Sie können die Dinge haben, die Sie haben möchten – und zwar alle. Sie können sie haben, wenn Sie die Ideen dieses Buches zu Ihrer Denkweise und zu einem Teil Ihres Lebens machen. Bob Proctor drückt es so aus:

> *„Sie sind nur einen Zentimeter, einen Schritt, eine Idee davon entfernt, auf den Boulevard der Schönheit in Ihrem Leben einzubiegen."*

Eine Hilfe auf dem Weg in Ihr neues Leben sind die Arbeitshilfsmittel Erkenntnis- und Fokusbogen in diesem Buch. Lesen Sie nicht darüber hinweg. Je konsequenter Sie die Arbeitsbögen nutzen, desto intensiver werden Sie erleben, welche Macht in den Fragestellungen steckt. Nehmen Sie sich bitte jetzt die Zeit und prüfen Sie sich selbst:

❗ Habe ich mich in meinem bisherigen Leben bereits 100%ig entschieden, reich zu sein?

oder

❗ Träume ich davon, reich zu sein?

Und gleich noch eine Aufgabe:

Mein bisheriges Verhältnis zu Geld lässt sich wie folgt beschreiben:

❗ Ich hatte Angst zu verlieren.

oder

❗ Ich wollte wirklich gewinnen!

Haben Sie sich jetzt bereits wirklich entschieden, ob Sie künftig reich sein wollen? Eine solche Entscheidung braucht Mut. Denn es bedeutet, zu einer Minderheit zu gehören. Wir wissen es bereits: Nur etwa ein Prozent der Menschen sind Millionäre.

> *„Dinge tun, die andere nicht tun, bringt Erfolg."*
> — *Wendelin Wedeking*

Was werden Ihre Freunde, Ihre Kollegen, Ihre Verwandten zu dieser Entscheidung sagen? Für sie ist es natürlich einfacher, wenn Sie weiter als graue Maus Ihr Dasein fristen: angepasst, unauffällig, Durchschnitt eben. Doch das ist keine Lösung.

> *„Wenn Du tust, was alle (99%) tun, dann hast Du, was alle (99%) haben: Ratenkredite."*
> — *Wolfgang G. Sonnenburg*

Also, was sollte Ihre grundlegende Entscheidung sein?

- Ja, ich werde ab jetzt meine Finanzen eigenverantwortlich in die Hand nehmen.
- Ja, ich will finanziell unabhängig sein.
- Ja, ich werde mehr einnehmen, als ich ausgebe.
- Ja, Geld behalten ist eine grosse Freude.
- Ja, ich stelle sicher, dass Geld nur sinnvoll ausgegeben wird.
- Ja, ich mache nur sichere Geldanlagen, die Profit bringen.

Alle Alternativen dazu sind „getötet." Führen Sie ein „simples" Leben. Kein Grauschleier mehr, sondern nur klare Jas oder klare Neins. Jeins gibt es ab sofort in unserem Leben nicht mehr. Unsere Körperzellen können nur binär reagieren. Dichtmachen und verkümmern oder aufmachen und wachsen. So gilt dies für uns im Ganzen ebenso. Wir sterben oder wachsen, und in unserem Kontext heisst dies: arm oder reich. Keine Zweifel mehr, nur Eindeutigkeit!

Dabei sei noch erwähnt, dass für die Erfolgreichsten nicht das „Bekommen" und „Haben" das Wichtigste ist, sondern zu wem sie sich durch ihr Wirken entwickeln. Sie lieben das „Wirken" und ihr persönliches Wachstum. So wird dann der Weg zum Ziel.

Sie lieben also zu sein, zu tun und als Ergebnis dann auch zu haben. Und so sind sie sich auch darüber im Klaren, warum sie reich werden wollen.

Was ist *Ihr* wirkliches Motiv?

Zusammenfassung

- Mangelnde Entscheidungskraft ist einer der Hauptgründe für Misserfolg. Wer unentschlossen ist, kommt meistens zu spät und gehört zu den ewigen Verlierern.
- Eine wirkliche Entscheidung muss verbindlich sein. Wer eine wirkliche Entscheidung trifft, verpflichtet sich, sein Ziel zu erreichen und tötet die Alternativen.
- Die Reichen sind Menschen, die klare Richtlinien für sich festgelegt haben und die einmal gesetzten Prinzipien entschlossen einhalten.
- Sie können alle Dinge haben, die Sie wollen. Sie müssen allerdings Ihr Leben selbst in die Hand nehmen und eine verbindliche Entscheidung treffen, dass Sie der Regisseur Ihres Lebens werden wollen.

*„Allen Menschen ist es gegeben, sich selbst
zu erkennen und klug zu sein."*
— Heraklit von Ephesos, griechischer Philosoph

2. Den Tatsachen ins Auge sehen

Der zweite Punkt nach der Entscheidung beginnt mit einer ehrlichen Analyse. Wie steht es um Ihre Finanzen? Dabei geht es nicht nur um die Frage, ob Sie Schulden haben oder nicht. Sie müssen schon konkreter werden: Wie viel Geld haben Sie genau? Wie viel Geld geht wohin? Mag sein, dass Sie von sich behaupten können, Sie wüssten es genau. Dann sind Sie aber die grosse Ausnahme. Kaum einer weiss es genau, der nicht genau geprüft hat.

Wollten Sie zum Beispiel Gewicht verlieren und zu den *Weight Watchers* gehen, werden Sie dort als erstes aufgefordert, eine Zeit lang genau Buch zu führen, wie viel und was Sie wirklich essen. Denn viele Menschen sehnen sich nach einer Traumfigur, tun aber nicht das Richtige dafür, um sie tatsächlich zu bekommen. Die meisten machen weder konsequent eine Diät noch treiben sie Sport. Im Gegenteil: Hier eine Praline, dort ein Stück Kuchen, dazu noch ein Gläschen Sekt – schnell ist das Soll überschritten. Doch das wollen die wenigsten wahrnehmen: „Ich esse doch so gut wie gar nichts" – so oder ähnlich heisst es meistens.

Wenn Sie beruflich erfolgreicher werden wollen, rate ich Ihnen, einmal eine Woche lang ein Zeittagebuch zu führen. Sie werden sich wundern, womit Sie Ihre Zeit verbringen und wie viele Möglichkeiten es gibt, Ihre Produktivität oder Ihre Freizeit sinnvoll zu verbessern.

„Selbsterkenntnis ist der erste Weg zur Besserung." Dieses alte Sprichwort gilt auch hier. Denn der Weg in ein besseres, erfolgreicheres Leben beginnt mit einer Bestandsaufnahme:

- Wie ist Ihre aktuelle finanzielle Situation?
- Wie viel Geld geben Sie aus?
- Wie viel davon ist sinnlos ausgegebenes Geld?
- Wie weit ist Ihr Konto im Minus?

- Machen Sie mit Ihren Investments Geld oder verlieren Sie Geld?
- Bei welchem Verhalten machen Sie plus, bei welchem Verhalten minus?
- Welche Fähigkeiten haben Sie?
- Inwieweit beeinflussen Ihre Emotionen Ihre Investmententscheidungen?

Sie sollten diese Fakten ganz nüchtern analysieren, denn wer sich in diesem Punkt selbst betrügt, wird sich immer betrügen. Umgekehrt gilt: Wer weiss, wo er steht, kann die notwendigen Schritte unternehmen, um dorthin zu gelangen, wo er sein möchte. Es ist wie im Segelsport: Nur wenn ich meinen Standort kenne, kann ich die Segel richtig setzen, um meinen Bestimmungsort zu erreichen.

In seinem Bestseller *Good to Great* hat Autor Jim Collins Unternehmen untersucht, die über 15 Jahre lang den Markt geschlagen haben, deren Entwicklung also 15 Jahre lang besser verlief als die Entwicklung des amerikanischen Aktienindexes Dow Jones. Von über 1.400 Unternehmen ist es lediglich elf Unternehmen gelungen, den Dow Jones dauerhaft zu überbieten. Das entscheidende Kriterium, das ausschlaggebend für ihren Erfolg war: „Face the brutal facts." Das heisst: Wie schlimm eine Situation auch sein mag, man muss genau hinsehen. Denn es gibt immer eine Lösung. Der Volksmund sagt: „Wenn Du denkst, es geht nicht mehr, kommt von irgendwo ein Lichtlein her." Also, Verdrängen ist keine Lösung! Im Gegenteil: Es dient nur dem Selbstbetrug, und Selbstbetrug führt früher oder später unweigerlich zum Untergang.

Fakten sind Fakten, und ob sie für uns negativ oder positiv sind, ist rein unsere Bewertung. Ein Fakt mag für den einen positiv sein, der gleiche Fakt für jemand anders wiederum negativ.

Unabhängig davon, ob die Fakten nun positiv oder negativ scheinen, ist es wichtig, diese immer gründlich zu betrachten. Viele Leute sind allerdings gar nicht in der Lage, nüchtern hinzusehen und die Fakten als Ergebnis der Vergangenheit zu akzeptieren. Statt aus ihren Fehlern zu lernen und für die Erfahrung dankbar zu sein, verknüpfen sie die negativen Fakten zusätzlich mit negativen Emotionen. Erinnern Sie sich? Rote Linie! Diese Menschen schauen auf die Resultate, von da auf die Handlungen, und schon sind sie wieder bei den alten Emotionen. Diese Emotionen bestimmen dann wieder die Anziehung. Die Folge: sie ziehen wieder Negatives an! Das, was sie befürchten, wird wahr! Davon bekommen sie dann mehr! Und so bewegen sich viele Menschen in einer Abwärtsspirale.

Verdrängte Probleme

Viele Leute, die sich in einer Krise befinden, neigen dazu, ihre Probleme zu verdrängen, weil es einfacher und bequemer erscheint. Zumindest auf den ersten Blick. Denn wer die Fakten kennt, müsste Konsequenzen daraus ziehen und handeln. Das kostet Mühe, ist mit Arbeit und vielleicht auch mit Konflikten verbunden.

Aber es liegt ja auch an der „Wie-Frage." Viele verdrängen, weil sie nicht wissen, wie sie es ändern sollten. Aber Sie wissen, die Wie-Frage interessiert uns nicht sofort, wenn wir entlang der grünen Linie kommen. Lediglich das, was wir denken wollen, interessiert. So können wir uns entsprechend dem „Strichmännchen" auch die Fakten, die Ergebnisse anschauen, ohne die alten Emotionen abzurufen. Erinnern Sie sich, das sogenannte positive Denken bringt nichts, wenn es nicht mit den gewünschten Emotionen verknüpft ist. Genauso gilt: Sie können sich im/mit Bewusstsein (Strichmännchen, Teil 1) „negative" Fakten anschauen, ohne die alten Emotionen damit zu verbinden. Fakten sind immer nur eins: nüchterne Fakten. Ob Sie etwas als gut oder schlecht ansehen, macht ja erst Ihre Bewertung.

Dabei ist gerade das Verdrängen der eigentliche Grund für Krisensituationen! Als es mir finanziell nicht so gut ging, wollte auch ich die genauen Zahlen nicht wissen und die Gründe für die Schieflage noch weniger. Probleme wurden verdrängt und Dinge schöngeredet. Nur ein Beispiel: In Vermögensaufstellungen habe ich gerne die Immobilienwerte höher angesetzt, als es dem tatsächlichen Marktwert entsprochen hat. Ich legte Zahlen zugrunde, die beschönigend und weniger besorgniserregend waren. Ich bewertete geschäftliche Chancen mit viel höheren Werten, als ich sie in Realität jemals erzielen würde – einfach, weil ich die Ergebnisse brauchte, für mich bzw. für meine Emotionen. Aus Angst vor dem finanziellen Desaster flüchtete ich mich einerseits in Ignoranz und andererseits in unberechtigte Hoffnungen. Ich konnte einfach die Wahrheit nicht annehmen. Aber ich habe Lehrgeld bezahlt.

Vor allem Menschen mit finanziellen Problemen ignorieren die wirklichen Fakten nur zu gern. Zum Beispiel ist es kein Geheimnis, dass die staatliche Rente nicht ausreichen wird, um im Alter ein sorgenfreies Leben zu führen. „Die Rente ist sicher" – das war die Aussage eines ehemaligen Ministers, deren Fehlerhaftigkeit von der Realität bereits oft genug bestätigt wurde. Aber sie hat dazu geführt, dass sich viele Menschen über ihre Rente überhaupt keine Gedanken gemacht und die private Vorsorge vernachlässigt haben. Heute wissen wir es sogar von staatlicher Seite: Die gesetzliche Rente wird künftig nicht mehr den Lebensstandard, sondern bestenfalls die Existenz sichern.

Wer später nicht hungern und darben will, muss also rechtzeitig anfangen, auch finanziell vorzusorgen. Das Problem: Nicht alle denken so. Viele ignorieren die Fakten und haben die Hoffnung, dass sich irgendwann, irgendwie alles von selbst regelt. Dabei sind gerade junge Leute gut beraten, sich so bald wie möglich um ihre spätere Altersversorgung zu kümmern. Denn durch Zins- und Zinseszinseffekte könnten sie ein enormes Vermögen anhäufen. Aber wer denkt schon mit 20 Jahren an seine spätere Rente?

Aus eigener Erfahrung kann ich heute sagen: Wer ein Problem ignoriert, kann es unmöglich lösen. Ohne eine ehrliche Diagnose ist es für den Arzt unmöglich, Sie bei der Heilung zu unterstützen!

Kein Selbstbetrug

Also schauen Sie sich bitte Ihre finanzielle Situation genau an. „Face the brutal facts." Dann kommen Sie garantiert auf eine Lösung. Wer verdrängt, macht sich etwas vor. Und er lebt in einer „Traum"-Welt, die real nicht existiert. Die Konsequenz: In der realen Welt kann dann nichts Sinnvolles entstehen. Wenn Sie zum Beispiel ein grosses Haus bauen wollen, aber den Grund und Boden, auf dem es stehen soll, nicht geprüft haben, besteht die Gefahr, dass Sie scheitern. Ist der Boden stabil, oder ist er sandig, felsig, vielleicht sogar moorig?

Wenn Sie sich in eine Gebäudeidee verlieben und die Beschaffenheit des Bodens ignorieren, müssen Sie mit kostenintensiven Überraschungen oder gar einem Baustopp rechnen. Sie müssen bereit sein, genau hinzusehen – auch wenn Ihr Traum vom schönen Haus dann zu platzen droht. Das soll nicht heissen, dass Sie Ihren Traum für immer begraben müssen. Vielleicht lässt er sich mit einem speziellen Fundament, einem anderen Standort oder einfach ohne Keller verwirklichen.

Auf neuem Kurs

Ich hatte Verbindlichkeiten in Millionenhöhe, als ich endlich bereit war, mir meine Situation genau anzuschauen. Dabei ging es nicht nur um Finanzen, sondern auch um meine geschäftlichen Partnerschaften, Marktchancen und zu erwartende gesetzliche Änderungen. Erst als ich bereit war, mir alles genau und schonungslos anzusehen, konnte ich beginnen, das Ruder herumzureissen und einen neuen Kurs zu segeln. Nach jedem Sturm ist irgendwo Land in Sicht! Es lohnt sich, eine SWOT-Analyse für Ihr Unternehmen oder auch Ihr Privatleben zu machen. Die SWOT-Analyse, in der Strengths (Stärken), Weaknesses (Schwächen), Opportunities (Chancen) und Threats (Risiken) aufgeführt werden, dient der strategischen Planung und Positionsbestimmung.

Heute kenne ich die universellen Gesetze besser als damals. Es gibt ein Gesetz der Polarität. Sie kennen es, auch wenn Sie sich seiner Bedeutung vielleicht noch nicht bewusst sind. Heiss existiert nur, weil es kalt gibt. Zu Licht gehört Schatten, ein Oben hat auch ein Unten. Wir leben im Universum der Gegensätze.

Die logische Folge: Ein Problem ohne Lösung kann es nicht geben! Haben Sie das verinnerlicht? Es gibt kein Problem ohne eine Lösung! Auch wenn Sie die Lösung noch nicht sehen – sie ist da. Aber gerade um auch die „gegensätzliche" Lösung finden zu können, müssen Sie das Problem kennen!

Deshalb hatten die erfolgreichsten Firmen Amerikas, die Jim Collins in seinem Bestseller skizziert, auch keine Scheu, sich ihre Probleme und damit die Wirklichkeit genau anzuschauen. Sie wussten, es gibt immer eine Lösung. Mit erfolgreichen Menschen ist es genauso. Auch sie wissen, es gibt immer eine Lösung.

Und noch etwas sollten Sie sich immer vor Augen halten: Ihre Resultate sind die Ergebnisse Ihres Handelns von gestern! Die Früchte, die Sie heute ernten, sind die Resultate Ihrer gestrigen Saat. Ihre Ergebnisse sind die Wirkungen Ihrer gestern gesetzten Ursachen! Also, wenn Sie sich die heutigen Resultate anschauen, erhalten Sie Aufschluss darüber, welche Ursachen Sie gestern gesetzt haben. Diese Information brauchen Sie, um andere Ursachen zu schaffen. Also, verdrängen bedeutet, Symptome zu bekämpfen und die eigentliche, wirkliche Botschaft nicht wahrzunehmen.

Merke:
- Wer die Früchte ändern will, muss die Wurzeln bearbeiten.
- Wer das Sichtbare ändern will, muss das Unsichtbare bearbeiten!

Hier kommt wieder eine Gelegenheit, sich selbst besser kennen zu lernen. Bitte nutzen Sie dazu je einen Erkenntnis- und Fokusbogen:

❶ Ich habe dann und wann gerne einmal die Realität ignoriert oder zumindest beschönigt.

oder

❶ In meinem Leben habe ich mich bisher immer bemüht, der Wahrheit klar ins Auge zu sehen.

Und gleich noch eine weitere Aufgabe:

❶ Ich denke mehr über Probleme nach.

oder

❶ Ich konzentriere mich ausschliesslich auf Lösungen.

Einfache Einteilung

Grundsätzlich kann man alle Menschen, wenn es um ihre Finanzen geht, einfach in drei verschiedene Kategorien unterteilen:

- diejenigen, die im Minus leben
- diejenigen, deren Kontostand um die Nulllinie pendelt
- diejenigen, die im Plus leben

Menschen der ersten Kategorie sind permanent verschuldet, im Kontokorrent. Selbst wenn sie mehr Geld verdienen oder durch einen glücklichen Umstand in den Besitz einer grösseren Summe gelangen würden, schaffen sie es, das Geld wieder loszuwerden, um im Minus zu bleiben. Selbst die beste Kapitalanlage hilft da nicht.

Menschen der zweiten Kategorie haben vermutlich einen innerlichen Schutz gegen das Minus, aber ein Plus können sie auch nicht zulassen. Sie sind zwar schuldenfrei und verfügen über genügend Geld, um ihren Lebensunterhalt zu bestreiten. Doch sie geben grundsätzlich alles aus, was sie verdienen.

Typ drei bleibt dagegen immer auf der Habenseite. Selbst wenn diesen Menschen finanziell etwas zustösst, sie eine falsche Entscheidung getroffen haben oder auf die falsche Kapitalanlage gesetzt haben – sie schaffen es immer, auf der Plusseite zu bleiben.

Zu welchem Typ gehören Sie? „Face it and change it" – das ist mein Rat. Es ist nicht so schwierig, wie Sie denken. Sie müssen nur eine Entscheidung treffen, eine eindeutige und klare Entscheidung! Wollen Sie wirklich auf die Habenseite? Sind Sie bereit, sich Ihre Fakten genau anzusehen?

Sie können eines der vielen Computerprogramme zu Hilfe nehmen, die es heute auf dem Markt gibt. Das Wichtigste ist, dass Sie jede Ausgabe notieren. Auch die Karte für die Strassenbahn oder den Kaffee im Coffee-Shop, wirklich jede Kleinigkeit! Machen Sie das bitte einen ganzen Monat. Und denken Sie daran, dass manche Zahlungen nur einmal im Quartal oder jährlich fällig werden! Diese sollten Sie umrechnen und zu Ihren monatlichen Ausgaben addieren.

Haben Sie einen Überblick über Ihre monatlichen Ausgaben? Die Belastung durch Daueraufträge ist uns oft gar nicht bewusst. Erstellen Sie eine genaue Liste: Essen, Miete, Kredite, Kleidung, Auto, Urlaub, Versicherungen. Natürlich sind das nur einige der vielen Möglichkeiten, für die man Geld ausgeben kann. Vervollständigen Sie die Liste, bis Sie alle Zahlen schwarz auf weiss notiert haben.

Glücklich mit 55 Jahren

Aufschlussreich ist in diesem Zusammenhang auch eine Studie der amerikanischen Publizistin Gail Sheehy. Sie hat 2.000 Menschen befragt, die von sich behaupteten, rundum glücklich zu sein. Dabei fiel auf: Die meisten der Glücklichen waren über 55 Jahre alt. Was hatten diese Glücklichen gemeinsam? Sheehys Erkenntnis: Die älteren Menschen waren vor allem deshalb glücklich, weil sie nicht mehr dem täglichen Existenzkampf ausgesetzt waren, den Menschen jüngeren und mittleren Alters bewusst oder unbewusst immer spüren. Wovon lebe ich morgen? Wovon lebe ich nächste Woche? Fragen, die sich jene älteren Menschen nicht mehr zu stellen brauchten. Entweder waren sie in der beneidenswerten Lage, eine ausreichende Rente zu bekommen, oder sie hatten finanzielle Vorsorge getroffen. Umgekehrt bedeutet das: Wer keine sichere finanzielle Existenz hat, hat es schwer, glücklich zu werden. Das gilt insbesondere im Alter!

Das zweite Ergebnis ihrer Studie: Nur Menschen, die erkannt haben, wer sie sind, was sie wollen und wo sie stehen, sind mit sich im Einklang. Sie tun das, was sie tun möchten und wozu sie sich berufen fühlen. Mit anderen Worten: sie haben ihre Bestimmung gefunden und wissen, wie ihr Lebenstraum aussieht. Wie wichtig es ist, sich selbst zu erkennen, erklärt auch Bernhard von Clairvaux (1090-1153), der Gründer des Zisterzienserordens:

> *„Wenn du dich selbst nicht kennst, gleichst du jemandem, der ohne Fundamente eine Ruine statt eines Gebäudes errichtet. Alles, was du ausserhalb deiner selbst aufrichtest, wird wie ein Staubhaufen sein, der dem Winde preisgegeben ist. Keiner ist also weise, der nicht über sich selbst Bescheid weiss. Ein Weiser wird in Weisheit über sich selbst Bescheid wissen und trinkt als Erster aus dem Quell seines eigenen Wassers."*

Finanziell erfolgreiche Menschen wissen jederzeit, wo sie stehen. Sie sind über ihre finanzielle Situation immer im Bild. Sie kennen ihre Geschäfts- und Umsatzzahlen, ihren Kontostand und ihre Vermögenswerte. Denn Zahlen sagen die Wahrheit.

Zusammenfassung

- Der zweite Schritt auf dem Weg in ein neues Leben beginnt mit einer ehrlichen Analyse Ihrer aktuellen Situation. Schauen Sie sich die Fakten genau an. Nur dann ist es möglich, Konsequenzen zu ziehen und zu handeln.
- Viele Leute neigen dazu, Schwierigkeiten und finanzielle Probleme zu verdrängen. Erfolgreiche Menschen hingegen wissen immer, wo sie stehen, und sind über ihre Finanzen informiert.
- Menschen lassen sich im Hinblick auf ihren Kontostand in drei Kategorien einteilen: Die einen leben immer im Minus (Typ 1), die anderen pendeln bei plus/minus null (Typ 2) und die Dritten leben immer im Haben (Typ 3). Wer zu Typ 1 oder 2 gehört, muss den Ursachen auf den Grund gehen, um etwas zu verändern.
- Wir schauen uns genau an: was wir verstehen, was wir können, wie wir etwas tun, warum wir es tun.

Vermögenswerte und Verpflichtungen

Fertigen Sie eine ehrliche Bewertung Ihrer derzeitigen Vermögenswerte und Verpflichtungen an. Seien Sie dabei absolut diszipliniert, was Sie als Vermögenswert bezeichnen. Viele Menschen benutzen diesen Begriff sehr nachlässig und beziehen Luxusgüter oder „Spielsachen" mit ein. Wenn es Ihnen kein Geld in die Taschen bringt, ist es kein Vermögenswert.

Auch wenn etwas Einkommen kreiert, kann es gleichzeitig Kosten verursachen. Notieren Sie auch diese.

Vermögenswert	monatliches Einkommen	Verpflichtung	monatliche Kosten

Einkommensanalyse

Analysieren Sie Ihre Einnahmequellen und tragen sie in die Tabelle auf der nächsten Seite ein. Entscheidend ist hier das Verhältnis von verdientem, Portfolio und passivem Einkommen. Ihr langfristiges Ziel wird sein, Ihr gesamtes Einkommen (oder den grössten Teil davon) von Portfolio (M 2) oder passiven Einnahmequellen (M 3) zu generieren, zumindest sollen diese beiden Einkommensquellen höher als Ihre laufenden Kosten sein!

Arbeitseinkommen ist das Einkommen, das Sie durch Ihre persönliche Arbeitszeit erhalten, oder aus Ihrem Geschäft oder freiberuflichen Tätigkeit (z. B. Praxis)

Portfolio-Einkommen ist Einkommen aus Festgeld, Wertpapieren, Aktien, Fonds, etc.

Passives Einkommen ist Einkommen aus anderen Vermögenswerten wie z. B. Immobilien, Patenten, Lizenzen und (Geschäfts-) Beteiligungen, die Sie besitzen, aber an denen Sie nicht selbst arbeiten.

	Quelle	monatliches Einkommen
Arbeits-Einkommen		
	Total	€
Portfolio-Einkommen		
	Total	€
Passives Einkommen		
	Total	€

Prozentsatz von Gesamtsummen (Totals):

Arbeits-Einkommen _____%

Portfolio-Einkommen _____%

Passives Einkommen _____%

„Nur wer sein Ziel kennt, findet den Weg."
— Laotse, chinesischer Denker, 6. Jhdt. v. Chr.

3. Das Ziel bestimmen und immer fest im Blick behalten

Nun kommen wir zum Thema Ziel – eines meiner Lieblingsthemen. Ich werde oft gefragt, ob man nicht zuerst ein Ziel festlegen muss, um dann eine Entscheidung fällen zu können. Kann man überhaupt zuerst eine Entscheidung fällen, wenn man noch kein Ziel hat?

Unter Ziel verstehe ich ein sehr konkretes, klar definiertes und im Detail festgelegtes Bild. Es muss messbar sein, denn nur so können Sie feststellen, ob Sie das Ziel erreicht haben oder nicht.

Natürlich können Sie eine Vision haben, ohne die Entscheidung zu treffen, diese Vision wahr werden zu lassen. Dann aber sind Sie ein Träumer. Ich habe viele solcher Träumer erlebt. Lange Zeit gehörte ich selbst zu ihnen. „Ach, es wäre schön, wenn …" Wer so denkt, wird niemals erfolgreich werden. Denn das Unterbewusstsein wird dann von den Wenns und Abers bestimmt, die den Erfolg blockieren. „Es wäre schön, wenn ich Millionär wäre. Aber die Wirklichkeit ist anders." Was bleibt und sich auf Dauer manifestiert, ist die Botschaft: „Meine Wirklichkeit ist anders."

Deshalb ist es wichtig, zunächst das richtige Fundament zu legen. Entscheiden Sie sich im ersten Schritt zum Beispiel dafür, das grösste Gebäude in der Stadt zu errichten. Erst im zweiten Schritt legen Sie fest, was für ein Bauwerk es sein soll. Auf unser Thema übertragen, bedeutet das: Entscheiden Sie sich als erstes dafür, finanziell unabhängig zu sein. Eine Alternative dazu gibt es dann nicht mehr. Etwas anderes als Wohlstand wird es in Ihrem Leben nicht mehr geben.

Das Wichtigste bei der Festsetzung eines Ziels ist, dass es so konkret wie möglich sein muss. Also: Wie viele Millionen wollen Sie haben? Wo wollen Sie leben? Was wollen Sie mit dem Geld machen? Welchen langgehegten Wunsch würden Sie sich damit erfüllen? Wie soll Ihr Tag aussehen?

Was wollen Sie wirklich?

Die meisten Menschen haben schon an dieser Stelle Schwierigkeiten, ihre Ziele zu konkretisieren. Zudem verwechseln sie Wünsche mit Bedürfnissen (rote Linie). Doch es geht hier nicht darum, was Sie brauchen. Es geht ausschliesslich darum, was Sie wollen (grüne Linie).

Der Weg zu Ihrem Ziel kann schwierig werden: Deshalb ist es wichtig, dass Sie emotional ganz mit der Idee verflochten sind, dieses Ziel zu erreichen. Bob Proctor würde sagen: Machen Sie es gross und machen Sie es wunderbar! Im Kapitel „Grundlagen des Erfolges" hatte ich Ihnen das Gesetz der Anziehung erläutert. Das heisst, Sie brauchen zu dem Ziel die dazugehörenden Emotionen. Ist Ihr Ziel zu klein, haben Sie keine starken Emotionen und geben schneller auf. Es darf aber nicht so gross sein, dass Sie selbst nicht mehr an die Erreichung glauben. Dann wird auch nichts daraus. Sie erinnern sich, Sie müssen die Zielerreichung auch erwarten!

Wie viel Geld wollen Sie?

Haben Sie schon jemals für sich verbindlich entschieden, wie viel Geld Sie verdienen möchten? Earl Nightingale erklärt hierzu: „Die Summe, von der wir denken, dass wir sie verdienen können, ist nicht unbedingt die Summe, die wir wirklich verdienen möchten." Er unterscheidet folgende drei Einkommensgruppen, die er mit drei verschiedenen Typen von Menschen in Relation setzt.

Typ A – Die Summe, von der Sie wissen, dass Sie diese verdienen können.

Typ B – Die Summe, von der Sie denken, dass Sie diese verdienen könnten.

Typ C – Die Summe, die Sie verdienen möchten.

A-Gruppe: Keine eigene Entscheidung

Die grosse Mehrheit der Menschen bleibt ihr Leben lang auf dem A-Level. Diese Menschen machen sich nicht klar, dass sie selbst steuern können, wie viel sie verdienen. Wahrscheinlich haben ihre Eltern nach genau dem gleichen Muster gelebt und die Entscheidung über die Höhe des eigenen Einkommens anderen überlassen.

Typisch ist auch, dass die meisten Vertreter dieser Gruppe mit Menschen verkehren, die genauso denken. Wenn sie über eine Gehaltserhöhung reden, handelt es sich meist um Wunschdenken, weniger um geplantes Vorgehen. Auch bei einem Wechsel der Arbeitsstelle ändert sich nur wenig. Natürlich haben sie die Hoffnung, sich finanziell zu verbessern, aber meistens geben sie sich mit einer geringen Gehaltserhöhung zufrieden. Tatsache ist, dass viele Menschen ihre ganze Existenz auf dem A-Level fristen und nicht in der Lage sind, das zu ändern.

B-Gruppe: Blockiert durch alte Paradigmen

Natürlich versuchen immer wieder Einzelne, aus der A-Gruppe auszubrechen, um ihren Lebensstil zu verbessern. Selten – wenn überhaupt – suchen diese Leute den Rat von Experten, um mehr Geld zu verdienen. Ihr Einkommen bleibt eine Privatangelegenheit, die allenfalls mit dem Lebenspartner erörtert wird. Dieser hat jedoch in der Regel auch kein Patentrezept für Finanzfragen in der Schublade.

Wer zur B-Gruppe gehört, denkt früher oder später darüber nach, wie er zu mehr Geld kommt, und wird entsprechend aktiv. Sein

Ziel ist die Summe, von der der Betreffende denkt, dass er sie verdienen könnte. Es gibt dabei nur ein Problem: Das Denken dieser Menschen wird zu einem Grossteil von ihren alten Paradigmen beeinflusst. Deshalb steigen immer wieder Gedanken in ihren Überlegungen hoch, die sie in ihrer Entwicklung hemmen, einschränken und bremsen. Oft bleibt dann doch alles beim Alten.

C-Gruppe: Spitzenmannschaft mit klaren Zielen

Die C-Gruppe ist eine kleine Spitzenmannschaft, der nur zielbewusste Individuen angehören. Die Menschen der C-Kategorie haben entschieden, was sie verdienen möchten. Sie haben sich ein klares Ziel gesteckt und arbeiten auf dieses konsequent hin. Durch ihre Erfolge leben sie meist in einer interessanten und privilegierten Welt. In einer Welt, zu der eigentlich jeder Zugang haben könnte.

Manchmal kann man Leute beobachten, die direkt vom A-Level zum C-Level aufsteigen, denn die Trennlinie zwischen den Gruppen ist sehr dünn. Voraussetzung ist allerdings, dass man alte Paradigmen, Einstellungen und Verhaltensweisen über Bord wirft. Dies setzt die Entscheidung und eine klare Zielsetzung voraus. Geld erhalten allein reicht nicht. Denken Sie an die Lottomillionäre, die das Geld wieder verlieren. Ihr äusserer Wohlstand passt sich immer wieder Ihrem inneren Typus an.

Merke:

> „Versuche nicht im Aussen zu gewinnen, wenn du dich nicht traust, im Inneren zu gewinnen."
> — Wolfgang G. Sonnenburg

Seine Träume leben

Trauen Sie sich einfach, Ihre tiefsten Träume zu ergründen und diese aufzuschreiben. Auch wenn es das erste Mal ist, dass Sie in sich gehen und versuchen, Ihre Träume in Worte zu fassen. Viele Menschen haben die Fähigkeit zu träumen, die sie als Kinder hervorragend beherrschten, verloren. Oder sie trauen sich einfach nicht mehr zu träumen. Denn die meisten sagen sich: „Es hat ja sowieso keinen Sinn. Ich kann mir mein Traumhaus niemals leisten. Und wirklich reich werde ich ohnehin nicht." Eine verheerende Einstellung!

Bitte wachen Sie auf! Jetzt geht es darum herauszufinden, was Sie wirklich wollen in Ihrem Leben. Nur wenn Sie das wissen, können Sie Ihr Leben leben. Wer seine Träume und Wünsche verdrängt, lebt ein Leben, das andere für ihn vorgesehen haben.

Es gibt ein Programm, das Ihnen wunderbar helfen kann, Ihre Ziele und Prioritäten klar zu erkennen. Es ist das von Bob Proctor entwickelte Goal-Achiever-Programm (*Goal Achiever* bedeutet wörtlich übersetzt „Zielerreicher"). In Form eines CD-Hör-Programms mit entsprechendem Arbeitsheft lernen Sie eine Methode kennen, wie Sie Ihre Ziele richtig setzen und jedes Ihrer Ziele leicht und natürlich erreichen. Das aus insgesamt acht CDs bestehende Hörbuch habe ich für den deutschsprachigen Markt selbst besprochen und verwende es häufig bei meiner Arbeit. Sie können es bei millionaire-spirit.com bestellen. Vielleicht haben Sie sogar Lust, selbst eine Zielerreicher-Gruppe zu gründen.

Zudem haben Sie die Möglichkeit, Basis-Erfolgswissen in Form eines E-Mail-Kurses gratis zu erhalten. Insgesamt 36 E-Mails haben wir für Sie vorbereitet. Sie enthalten jede Menge Tipps und Informationen, wie Ihre Wünsche wahr werden können. Horchen Sie in sich hinein, besinnen Sie sich auf Ihre eigentlichen Träume und erwecken Sie diese zu neuem Leben. Nur wenn die Menschen erkennen, was für sie wichtig ist, können sie ein erfülltes

Leben führen. Und wenn jeder seine Erfüllung findet, gibt es mehr Frieden auf dieser Welt. Bestellen Sie den Basis-Kurs gratis unter traeume-ziele-wirklichkeit.de.

Anders als die anderen

Haben Sie nun Ihr Ziel festgelegt? Es sollte ein besonders lohnendes und motivierendes Ziel sein – keine Frage. Aber was werden die anderen dazu sagen? Die Nachbarn, Freunde, Verwandten, Bekannten? Werden sie es verstehen? Möglicherweise müssen Sie mit Ablehnung rechnen. Denn als Millionär sind Sie anders als die anderen und ragen aus der Masse heraus. Nur ein Prozent der Menschen sind Millionäre – Sie erinnern sich?

Deshalb sollten Sie keinen Applaus von Leuten aus ihrer Umgebung erwarten, wenn Sie sich verändern wollen.

> *„Erfolg ist so ziemlich das Letzte, was einem verziehen wird."*
> — *Truman Capote*

Lassen Sie sich dadurch nicht irritieren! Die meisten Menschen haben in unserer schnelllebigen Zeit ein Grundbedürfnis nach Sicherheit. Also leben sie lieber mit einem bekannten Problem als mit einer unbekannten Lösung.

Es gibt ein Beispiel aus Asien. Dort wurde ein Kriegsgefangener zum Tode verurteilt. Er konnte wählen, ob er sich erschiessen lassen oder durch eine schwarze Tür hindurchgehen wollte. Man liess ihn im Unklaren darüber, was sich hinter der schwarzen Tür verbarg. Also entschied er sich für das Erschiessen. Das Bekannte war in seinen Augen die bessere Lösung als das Unbekannte. Sein Pech – denn hinter der schwarzen Tür war die Freiheit.

Auch Ihre Umwelt könnte versuchen, Sie in Ihrer Entwicklung zu bremsen. „Ach, bleib doch, wie du bist." Unbewusst haben Ihre Freunde vielleicht Angst, sich ebenfalls verändern zu müssen, wenn Sie sich verändern. Ein Gefühl der Unsicherheit entsteht.

Vielleicht werden Sie auch aus vermeintlicher Liebe zurückgehalten. Wenn nach Meinung Ihrer Eltern oder Freunde bestimmte Ziele unerreichbar sind, wollen sie verhindern, dass Sie einen Weg gehen, an den sie selbst nicht glauben. Sie möchten Sie vor Misserfolgen bewahren. Als die Menschheit die Erde noch als Scheibe betrachtete, hielten liebende Eltern ihre Kinder davon ab, zu weit aufs Meer hinauszusegeln. Sie befürchteten, ihre Kinder würden am Rande des Wassers ins tiefe Nichts fallen. Kiyosaki vertritt die Auffassung: „Investieren ist nicht riskant. Der Investor ist riskant." Mit anderen Worten: Es ist nicht riskant, auf das Meer hinauszufahren! Es ist nur riskant, wenn Sie ein ungeübter Segler sind!

Auf Nummer sicher

Die meisten Menschen gehen im Leben auf Nummer sicher und meiden jedes Risiko. Sie lassen sich nur auf Dinge ein, die sie überschauen und ohne Mühe bewältigen können (rote Linie).

Die Folge: Gerade diese Menschen leben im Risiko. Sie haben keine finanzielle Sicherheit. Rentner, die an der Grenze zur Armut leben, sind oft Menschen, die in der Vergangenheit jedes Risiko gemieden haben. Als ich meinem früheren Leben den Rücken kehrte und den Anwaltsberuf an den Nagel hängte, warnten mich viele davor, so ein Risiko einzugehen. Ich sah das Gegenteil. Als Anwalt weiterzuarbeiten, sah ich für mich als das Risiko. Denn heute gibt es jede Menge Anwälte, die am Rande des Existenzminimums leben.

Hinzu kommt, dass Menschen, die jedes Risiko vermeiden, niemals Triumphe feiern oder Niederlagen verarbeiten müssen. Sie gehen niemals an ihre Grenzen und bekommen kein Gefühl vom unendlichen Potenzial, das in ihnen steckt. Sie gehen niemals auf die grüne Linie. Sie arbeiten übervorsichtig an ihrer Sicherheit, statt an ihrer Unabhängigkeit. Charles M. Schulz, der Erfinder der Comicserie „Die Peanuts," bringt es auf den Punkt:

> *„Das Leben ist wie ein Fahrrad mit zehn Gängen.*
> *Die meisten Gänge benutzen wir nie."*

Wer ewig unter seinen Möglichkeiten bleibt und sein Potenzial nicht nutzt, wird es früher oder später bereuen. Untersuchungen zeigen, dass Menschen am Ende ihres Lebens nicht bereuen, was sie getan haben. Sie bereuen vielmehr, was sie nicht getan haben.

Voller Tatendrang

Ein altes Sprichwort besagt: „Man wächst an seinen Aufgaben." Man wächst aber noch mehr an seinen Zielen! Wenn man sich zum Ziel setzt, den Tag irgendwie zu überstehen, stellt der Körper gerade so viel Energie zur Verfügung, damit dieses Ziel erreicht wird: ausschlafen, einkaufen, essen, sich mit Freunden treffen, abends die Probleme anderer im Fernsehen anschauen.

Wenn Sie jedoch ein aussergewöhnliches Ziel haben, stellt der Körper auch ein aussergewöhnliches Mass an Energie bereit. Wer für sich das richtige Ziel gefunden hat, springt morgens voller Tatendrang aus dem Bett, um aktiv zu werden. Noch spät am Abend ist er hochmotiviert und engagiert. Bislang ungeahnte Kräfte werden frei und eröffnen ungeahnte Möglichkeiten. Anders formuliert: Wer sich keine Ziele auf der grünen Linie setzt, wird ewig auf der roten Linie bleiben.

Bob Proctor ist zum Erscheinen der 2. Auflage dieses Buchs bereits 80 Jahre alt. Er reist noch immer von einem Platz der Erde zum anderen, hält Vorträge und gibt Seminare, um Menschen zu ermuntern, ihr Potenzial zu leben. Er ist auf der Bühne ein richtiges Energiebündel. Immer wieder wird er gefragt: „Woher nehmen Sie nur all diese Energie?" Bob antwortet dann meistens: „Ich nehme keine Energie, ich setze sie frei! Ich habe sie in mir! Der menschliche Körper hat so viel Energie, dass er eine ganze Stadt mit Elektrizität versorgen könnte!"

In die Champions League

Leider setzen sich viele Menschen selbst unnötige Grenzen. Sie unterschätzen ihre Möglichkeiten und spielen ein Leben lang in der Regionalliga. Spielen Sie so, als ob Sie bereits in der Champions League wären – auch wenn Sie noch in der Regionalliga sind. Nur so werden Sie in die höhere Klasse aufsteigen.

Sie können Ihr Leben zum Besseren wenden. Es liegt an Ihnen. Nichts ist unmöglich. Die nötige Energie kommt mit dem Handeln. Das ist ein Naturgesetz. Denken Sie gross! Nur durch grosszügiges Denken kann man Grosses erreichen. Napoleon Hill hat es so formuliert:

> „Was immer der Mensch sich vorzustellen und zu glauben vermag, das kann er auch erreichen."

Die richtige Bestellung

Je konkreter Ihr Ziel, desto besser. Wer nicht weiss, wohin er will, darf sich nicht wundern, wenn er nicht ankommt.

Wenn Sie das Gesetz der Anziehung verstanden haben, dann wissen Sie, dass Ihre Schwingung wie eine Bestellung ans Universum ist und das Gesetz der Anziehung für die Lieferung sorgt. Für Sie ist es wichtig, dass Sie die richtige „Bestellung," die richtige Ursache abgeben, dann kann das Richtige geliefert werden. Also prüfen Sie immer: Ist mein Ziel so klar, dass jemand anderes es verstehen und liefern könnte?

Denken Sie an ein Kind, das sich zu Weihnachten ein Spielzeugauto wünscht. Wenn es wünschen würde: „Lieber Weihnachtsmann, bring mir ein Auto, das mich glücklich macht." Wird der

Weihnachtsmann mit dieser allgemeinen Angabe wirklich den Geschmack des Kindes treffen? Kann sein, kann nicht sein. Wieviel einfacher hat es der Weihnachtsmann, wenn sich das Kind ein rotes amerikanisches Feuerwehrauto mit blauem Blinklicht, langer Drehleiter und an der Seite sitzenden Feuerwehrleuten in Uniform wünscht. Er kann das Geschenk so ausliefern, wie es bestellt wurde.

Was möchten Sie bestellen? Nutzen Sie die Kraft der Sprache, drücken Sie sich klar und konkret aus. Formulieren Sie genau: Wie viel Geld wollen Sie? Wofür wollen Sie das Geld? Und wie wollen Sie mit dem Geld leben? Wünschen Sie nie einfach nur Geld. Erstens ist es unmöglich, allein hinsichtlich des Geldes die erforderlichen intensiven Emotionen zu haben, und zweitens könnte bei einem reinen Geldwunsch das Geld auch aus Ihrer Unfallversicherung stammen! Das wollen wir ja nun nicht. Nach Napoleon Hill ist es auch besonders wichtig festzulegen, was Sie der Gesellschaft zurückgeben. Wann wollen Sie das Geld? Notieren Sie die konkrete Summe, die am Jahresende auf Ihrem Kontoauszug stehen soll.

Der Volksmund sagt zurecht: „Was man schreibt, das bleibt." Das Schreiben zwingt uns, unsere Gedanken konkret festzulegen. Für eine Studie an der Universität von Yale wurden Studenten einer Abschlussklasse gefragt: „Haben Sie Ihre Ziele schriftlich fixiert? Nur drei Prozent hatten dies getan. Zwanzig Jahre später wurden dieselben Studenten nochmals interviewt. Das Ergebnis war sensationell: Jene drei Prozent, die damals ihre Ziele klar formuliert und schriftlich fixiert hatten, waren messbar erfolgreicher. Sie hatten mehr Vermögen angehäuft als die restlichen 97 Prozent zusammen.

Zudem zeigt die neue Gehirnforschung, dass beim Schreiben ein Areal des Gehirns benutzt wird, das mit dafür sorgt, dass sich das Ziel festigt und so leichter erreichbar wird.

Fülle in allen Bereichen

Auch Sie können so viel Geld verdienen, wie Sie wollen. Armut ist keine Tugend. Im Gegenteil: „Es ist eine Sünde, wenn man arm ist" – so zumindest sah es der irische Dramatiker George Bernhard Shaw. 95 von 100 Menschen begnügen sich mit dem, was sie haben. Aber ihr ganzes Leben lang wünschen sie sich, sie hätten mehr, ohne zu begreifen, dass sie im Grunde alles haben könnten, was sie möchten.

Die Menschen sind auf Erden, um in allen Bereichen grösstmögliche Lebensfülle zu erlangen. Sie sind dazu da, ein schönes, glückliches, heiteres und erfülltes Leben zu führen. Es ist Ihr Recht, genügend Geld für die angenehmen Dinge des Lebens zu haben. Hören Sie auf Ihre innere Stimme. Denken Sie herbei, was Sie sich wünschen. Geben Sie beim Universum eine Bestellung auf. Das Universum wird Ihre Wünsche erfüllen. Der Lieferservice funktioniert. Das ist ein Naturgesetz!

Wie Sie Ihr Ziel erreichen, ist in diesem Moment noch nicht wichtig. Ganz im Gegenteil: Lassen Sie sich bei der Zielsetzung nicht davon beeinflussen, ob Sie schon wissen, wie Sie es erreichen können. Als Sie in die erste Schulklasse gingen, wussten Sie auch noch nicht, wie man das Abitur macht. Das Wie klärt sich von ganz allein. Sie müssen sich nur erst einmal klar werden, *was* Sie wollen, dass Sie den Schulabschluss wollen!

Immer, wenn sich bei der Festlegung Ihres Ziels zuerst die Wie-Frage stellt, sind Sie auf der falschen, der roten Linie. Alle, die vom Resultat aus denken (Resultat – Handlung – Emotion – Unterbewusstsein – Denken), kommen natürlich gleich zur Handlung(sfrage), zur Wie-Frage. So entwickeln Sie sich aber nicht weiter. Ihre Resultate sind ja gerade das Ergebnis von Handlungen, die Sie nicht mehr wollen. Mit welchen Handlungen Sie aktiv beginnen, können Sie erst festlegen, wenn Sie ganz genau wissen, was Sie wollen. Ihr Ziel muss also völlig frei festgelegt werden.

Kennedys grosser Traum

Ein Beispiel aus der Geschichte belegt dies eindrucksvoll. John F. Kennedy war gerade zum Präsidenten gewählt worden, als er im Frühjahr 1961 den Flug zum Mond propagierte. Er hatte zu diesem Zeitpunkt keine Vorstellung, wie das gelingen könnte. Genau genommen war es eine irrwitzige Idee, einen Amerikaner auf dem Mond herumspazieren zu lassen. Doch John F. Kennedy hatte einen Traum. Also fragte er den Ingenieur Wernher von Braun: „Was ist nötig, um in diesem Jahrzehnt ein bemanntes Raumfahrzeug auf den Mond zu bringen?" und meinte damit: „Wie geht es (rote Linie)?" Die simple Antwort: „Den Willen, es zu tun (grüne Linie)." Es ging nicht um das WIE, sondern um die Vision, das Ziel!

Ohne zu wissen, wie eine Mondlandung funktionieren könnte, hat Kennedy dann den Mond zum Ziel aller amerikanischen Träume erklärt. Zwischen 1962 und 1969 wurden in den USA 400.000 der besten Ingenieure, Techniker und Manager des Landes ins Mondprogramm integriert. Der Ausgang der Geschichte ist bekannt: Am 21. Juli 1969 betrat Neil Armstrong als erster Mensch den Mond.

Grenzenlose Fantasie

John F. Kennedy hatte einen wunderbaren Traum. Was ist der Traum *Ihres* Lebens? Jeder von uns hat einen Traum. Wir alle haben eine Vision – eine Idee oder ein Bild von etwas Grossem – die von Zeit zu Zeit an die Oberfläche unseres Bewusstseins drängt. Für einige Momente erlauben wir uns den Luxus, es zu geniessen, etwas Bestimmtes zu tun, zu sein oder zu besitzen – was auch immer dieser Traum konkret ist. Die einfache Wahrheit ist, dass Sie es können. Dass Sie es dürfen und auch sollen. Ihre tiefe innere Vision ist ein Teil von Ihnen und soll leben! Sie können das aufregende, kreative Leben führen, für das wir alle bestimmt sind.

Der grosse Künstler Vincent van Gogh wurde einmal gefragt, wie es ihm gelingt, so wundervolle Werke zu erschaffen. Seine Antwort: „Ich träume mein Gemälde, und dann male ich meinen Traum." Nehmen Sie die Scheuklappen ab, und träumen Sie wie van Gogh. Es gibt keinen Grund, warum Sie nicht all das Gute und Schöne haben sollen, das Sie sich wünschen.

Am Anfang jeder grossen Errungenschaft stand eine grosse Idee oder ein Traum. Kolumbus hatte die Idee von einer neuen Welt – und wir leben darin. Die Brüder Orville und Wilbur Wright stellten sich vor, wie wir durch die Lüfte treiben – sie machten uns mit einem neuen Reich bekannt. Thomas A. Edison träumte von elektrischem Licht – ohne ihn würden wir vielleicht noch mit Wachskerzen Licht machen.

Baumeister der Zukunft

Alles, was jemals geschaffen wurde, war zuerst nur ein Traum im Kopf des Erfinders. Träumer sind die Baumeister der Zukunft. Starke Träume, starke Wünsche sind die Grundlage, um alles zu erreichen, was Sie wollen. Je verführerischer das Ziel, umso mehr Energie werden Sie zur Verfügung haben. Millionär zu sein ist ein sehr verführerisches Ziel. Haben Sie Herzklopfen, wenn Sie daran denken? Ist Ihnen vielleicht sogar ein bisschen mulmig? Ja?! Das ist wunderbar. Wirkliche Ziele machen uns nervös, weil wir uns auf völlig neues Terrain begeben.

Eben aus diesem Grund trauen sich viele Leute nicht, grosse Ziele zu verfolgen. Sie wissen nicht, wie sie es schaffen sollen. Und das ist genau die Frage, mit der sie von Freunden, Bekannten oder Verwandten konfrontiert werden. „Wie soll das gehen?" „Wie willst du das schaffen?" So kommt es, dass viele Menschen ihre Ziele nicht entschieden genug verfolgen, sondern sie über kurz oder lang wieder fallen lassen. Alles bleibt in den gewohnten Bahnen, nichts verändert sich. Aber: Aus Gleichem kann nur Gleiches entstehen und nichts Neues.

Sehen Sie sich das 7-Punkte-Erfolgsprogramm genau an und merken Sie sich die Reihenfolge und vor allem, halten Sie sie ein! Sie sehen, Ziel kommt vor Konzept. Im Konzept geht es um die Wie-Frage und darum, was zu tun ist. Aber erst muss das Ziel konkret feststehen. Dann erst können Sie die dazugehörenden richtigen Fragen stellen. Dann kommen die richtigen Antworten und Lösungen.

Wir haben während unserer Ausbildung, bei den Eltern, in der Schule, an der Uni, im Beruf nicht gelernt, die richtigen Fragen zu stellen. Als Kinder wurde uns häufig gesagt: „Frag' nicht so viel!" „Sei ruhig, wenn Erwachsene reden." Aber unsere Fragen entscheiden über die Qualität der Antworten, die wir bekommen.

In der Schule ging es darum, immer die richtigen Antworten zu haben. Es ging nicht darum, die richtigen Fragen zu lernen. Die richtigen Fragen stellen zu können, führt aber zum Erfolg. Doch unser System will, dass ein Lehrplan durchgepaukt wird, egal, wie alt, überholt oder unsinnig er ist. Dabei sollte eines klar sein: Ein System entwickelt immer nur eine Methode zur Systemerhaltung. Veränderungen des Systems werden nicht nur nicht gelehrt, sondern sogar oft als bedrohlich angesehen.

Dies gilt sowohl zuhause im Kleinen, als auch global im Grossen. Weiterentwicklung bedeutet immer Veränderung. Veränderung macht uns Angst. Das sollte es aber nicht. Wenn wir in der Menschheitsgeschichte zurückblicken, in der Evolution überhaupt, dann war es gerade die Veränderung und mit ihr die Anpassung an neue Gegebenheiten, die das Überleben sicherte!

Alle Weisen der Weltgeschichte haben immer wieder betont, dass die Qualität der Fragen die Qualität der Antworten bestimmt. Und die Quantenphysik hat eindrücklich bewiesen, dass der Wissenschaftler mit seiner Versuchsanordnung festlegt, welches Ergebnis er bekommt.

Also ist es für unseren Erfolg wichtig, welche Fragen wir stellen. Die Qualität der Fragen bestimmt die Qualität der Antworten. Mit anderen Worten: Die Qualität der Fragen bestimmt die Qualität Ihres Lebens.

Ich gebe Ihnen ein Beispiel:

1. Frage: Welche Zigarettenmarke soll ich rauchen? „West" oder „Camel"?

Hier kann die Antwort nur eine Marke sein. Es kann sein, dass Sie sich bei der Beantwortung dieser Frage damit beschäftigen, welchen Nikotin-, Teergehalt etc. diese Zigaretten haben.

Eine andere Frage könnte sein:

2. Frage: Soll ich überhaupt rauchen?

Hier werden Sie sich womöglich damit befassen, was Rauchen in Bezug auf Ihr Image, Ihre Gesundheit und die Kosten bedeutet. Sie merken, dass die Frage nicht nur andere Antworten ermöglicht bzw. erfordert, sondern dass Sie auch beginnen, sich mit anderen Themen zu befassen.

Und noch weiter:

3. Frage: Was ist das Beste für meine Gesundheit?

Hier werden Sie sich wahrscheinlich gar nicht mit dem Thema Rauchen befassen, sondern sich ganz anderen Bereichen wie Fitness, Vitamine, Mineralien, Luftreinheit oder Wasserqualität zuwenden.

Leider sind wir in der Schule nur dann gut benotet worden, wenn wir die „richtigen" Antworten wussten. Richtig war hier immer das, was der Lehrer hören wollte bzw. der Lehrplan vorsah! Daher haben wir als Erwachsene immer noch Angst, nicht die richtige

Antwort zu wissen. Habe ich die richtige Antwort, wie ich meine Schulden behandle?

Sie merken am obigen Beispiel auch, dass Sie nicht nur andere Antworten bekommen, wenn Sie andere Fragen stellen. Auch Dinge, die Sie bisher für wichtig hielten, interessieren Sie plötzlich nicht mehr. Bei Frage 3 brauchen Sie nicht mehr zu wissen, wie viel Nikotin in welcher Zigarette ist, weil Sie verstanden haben, dass Sie Zigaretten überhaupt nicht mehr rauchen wollen. Und so wird es Ihnen bei Geldangelegenheiten früher oder später auch gehen. Sie werden andere Dinge lernen, und vieles, was Ihnen vorher unglaublich wichtig erschien, verliert an Bedeutung.

> *„Ob ein Mensch klug ist, erkennt man an seinen Antworten.*
> *Ob ein Mensch weise ist, erkennt man an seinen Fragen."*
> — Nagib Machfus, Literatur-Nobelpreisträger

Erinnern Sie sich an die Geschichte des Milliardärs mit den 15 Millionen-Ideen? Es geht darum, dass Sie auf eine andere Bewusstseinsebene kommen, um leicht die entsprechenden Ideen zu haben. Wenn Sie mit dem „Wie geht denn das?" beginnen, sind Sie auf der roten Linie immer im alten Bewusstsein. Von da aus gibt es aber die Lösung nicht.

> *„Der Geist, der das Problem geschaffen hat,*
> *kann es nicht lösen."*
> — Albert Einstein

Entwicklung oder Rückschritt

Leben bedeutet entweder Entwicklung, Veränderung und Wachstum oder aber Rückschritt und Tod. Stillstand gibt es in der Natur aber nicht. Auch wenn Menschen gerne sagen: „Ich wünschte, es bliebe immer so." Jeder Ausdruck von Leben bewegt sich entweder in die eine oder in die andere Richtung. Was nicht wächst, stirbt langsam ab. Das ist das harte Gesetz der Natur. Und nichts bleibt so, wie es ist. Entweder Sie verbessern Ihre Lebensqualität oder Sie verringern sie.

> *„In einer anderen, besseren Welt können die Dinge anders liegen, aber in dieser Welt heisst wachsen, sich zu verändern, und sich zu verändern, heisst wachsen."*
> *— Barnett Newman, Maler, 1905-1970*

Mit anderen Worten: Wenn Sie ein kreatives Leben führen wollen, müssen Sie Ziele haben. Und neue Ziele erfordern neue Massnahmen. Ein Millionär zu werden, ist ein neues und aufregendes Ziel. Deshalb sollten Sie damit beginnen, bewusst zu wählen, wer oder was Sie auf Ihrem Weg zum Ziel unterstützt. Lösen Sie sich von alten Glaubenssätzen und Gewohnheiten, die Sie in Ihrer Entwicklung unterdrücken und behindern. Lassen Sie die alten Fesseln fallen – Zug um Zug. Egal, was die anderen sagen oder denken – in Ihnen ist eine unbändige Energie, mit der Sie sich auf den Weg machen zu Ihrem neuen Ziel.

Stolpersteine auf dem Weg

Auch wenn Sie auf diesem Weg Stolpersteine überwinden müssen – das ist ganz normal. Denken Sie nur an ein kleines Kind, das im Begriff ist, laufen zu lernen. Es steht auf, beginnt zu laufen, fällt hin, steht wieder auf. Kleine Rückschläge können es nicht aufhalten. Das Kind hält an seinem Ziel fest. Machen Sie es wie die Kinder!

> *„Der Drachen lehrt uns:*
> *Aufsteigen geht nur gegen den Wind."*
> *— Chinesische Weisheit*

Noch ein Tipp: Formulieren Sie Ihr Ziel immer in der Gegenwartsform. Damit präsentieren Sie Ihrem Unterbewusstsein feste

Tatsachen und nicht wünschenswerte Möglichkeiten. Ein entscheidender Unterschied! Beispielsweise: „Ich bin reich." Nicht: „Ich will reich werden." „Werden" ist ein Vorgang und kein Ziel. Also muss es zum Beispiel heissen „Ich bin Vermögensmillionär mit einem Nettovermögen von zwölf Millionen." Beschreiben Sie Ihr Vermögen in der Gegenwartsform: Stellen Sie sich vor, dass Sie die Millionen bereits besitzen. Sie brauchen sich nicht als Lügner zu fühlen, Sie sind nur ein Prophet. Sie müssen allerdings an sich selbst und an das Ziel glauben. Achten Sie genau darauf, ob es wirklich Ihr eigenes, aus Ihrem Inneren kommendes Ziel ist oder ob Sie etwas wählen, was andere Ihnen empfohlen haben zu wollen. Wenn es ein fremdbestimmtes Ziel ist, wird es Sie kaum zufrieden stellen. Oft haben Sie dann auch eine Angstemotion, es nicht zu erreichen. Was wird dann der Mensch oder die Gruppe sagen, wenn Sie es nicht erreichen? Sie dürfen dann vielleicht nicht mehr „dazu"gehören. Sie wissen, bei Angstemotion laufen Sie Gefahr, genau entsprechend der Angst Ihre „Lieferung" zu erhalten. Joggen Sie zum Beispiel nicht, weil Sie Angst haben krank zu werden. Dann sind Sie bald krank. Joggen Sie, um fit zu sein, haben Sie eine klare Vorstellung Ihrer Fitness und die dazu gehörende Vorfreude. Freuen Sie sich intensiv darauf. Die Stärke Ihrer Emotion beeinflusst den Erfolg. Fühlen Sie, wie gut es sich anfühlt, Ihr Ziel erreicht zu haben.

Setzen Sie sich einen Zeitpunkt, wann Sie Ihr Ziel erreicht haben wollen. Wann soll es sich manifestiert haben? Wann soll es aus der nicht-materiellen Welt (Idee/Vision) in die Welt der Materie übergehen? Wir wissen nicht immer genau, wann sich etwas manifestieren wird. Wir können nicht genau festlegen, wann es sein wird. Wir wissen nur, dass es so sein wird. Der Zeitpunkt gehört in der Regel auch nicht zum Ziel, sondern zum Plan, Konzept, und dient dazu, unsere ganze Energie für die Erreichung des Ziels einzusetzen. Zur Vertiefung dieses Themas empfehle ich Ihnen die CD Nr. 8 des Goal-Achiever-Programms.

Was aber, wenn der Zeitpunkt erreicht ist, ohne dass wir unser Ziel erreicht haben? In diesem Fall ändern wir den Zeitpunkt und den Plan, aber wir ändern niemals das Ziel! Ein Beispiel: Jemand entscheidet sich, im nächsten Monat sein Einkommen zu verdoppeln. Der Monat ist vorbei, es hat nicht funktioniert. Wird er deshalb das Ziel für den Rest des Lebens aufgeben, sein Einkommen zu verdoppeln? Niemals! Er wird den Plan ändern, neue Ideen entwickeln, die Zeitspanne anders ansetzen. Aber er sollte niemals sein Ziel aufgeben.

Die meisten Leute machen den Fehler, dass sie nicht sauber zwischen Plan und Ziel trennen. Wenn der Plan nicht funktioniert, verlieren sie meist auch ihr Ziel aus den Augen. Das sollte Ihnen nicht passieren.

Bob Proctor empfiehlt, Ihr Ziel auf eine Zielkarte, so gross wie eine Visitenkarte, zu schreiben. Tragen Sie diese lose in Ihrer Tasche oder Geldbörse, damit Sie diese möglichst oft berühren können. Diese Karte ist nur ein Symbol, das bei Berührung die Wahrnehmungszellen aktiviert und das Bild vor Ihrem geistigen Auge erscheinen lässt. Dieses innere Bild tritt dann meist in materieller Form oder als Ereignis auf.

Nichts bleibt, wie es ist. Das ist ein Naturgesetz. Entweder Ihr Leben wendet sich zum Besseren oder zum Schlechteren. Sie entscheiden mit!

Zusammenfassung

- Ziele müssen konkret sein. Schreiben Sie Ihre Ziele so detailliert wie möglich auf, denn wer nicht weiss, wohin er will, wird niemals irgendwo ankommen. Nutzen Sie das Goal-Achiever-Programm, das Sie millionaire-spirit.com bestellen können.
- Geld, Wohlstand und Luxus sind wunderbare Ziele. Geld ermöglicht Ihnen, ein schönes, glückliches, heiteres und erfülltes Leben zu führen.
- *Wie* Sie dieses Ziel erreichen, ist im Moment noch unwichtig. Zunächst sollten Sie für sich klären, *was* Sie wollen.
- Nutzen Sie den Gratis-Basis-Kurs *Träume, Ziele, Wirklichkeit* bei traeume-ziele-wirklichkeit.de.
- Nichts bleibt, wie es ist. Das ist ein Naturgesetz. Entweder Ihr Leben wendet sich zum Besseren oder zum Schlechteren. Sie entscheiden mit!

Formular für Zielsetzung

Nachdem Sie Ihre Bestandsanalyse gemacht haben, können Sie jetzt genau Ihre Ziele definieren:

	heute	in 1 Jahr	in 3 Jahren	in 5 Jahren
Schlechte Schulden				
Arbeits-Einkommen				
Portfolio-Einkommen				
Passives Einkommen				
Summe Vermögenswerte				
abzüglich Summe Verpflichtungen				
ergibt Total Nettovermögen				

Warum ich diese Ziele erreichen will:

_____

_____

_____

Wie ich meinen Wohlstand nutzen will:

_____

_____

_____

„Wenn sich der Mensch zuversichtlich in Richtung seines Traums bewegt und versucht, das Leben zu leben, das er sich vorgestellt hat, wird er unvermutet in gewöhnlichen Zeiten ungewöhnliche Erfolge haben."
— *Henri David Thoreau, 1817-1862*

4. Programmierung des Unterbewusstseins

Damit Ihr Unterbewusstsein in Zukunft automatisch die gewünschten Aufgaben erfüllt, muss es entsprechend programmiert werden. Es ist wie bei einem Computer, dessen alte Software ausgedient hat: Auch Ihr Unterbewusstsein braucht eine neue Software und neue Programme, damit es Sie nicht blockiert bzw. die neuen, zu Ihrem Ziel gehörenden Verhaltensweisen als neue Gewohnheiten akzeptiert und Sie dann automatisch immer das Richtige tun. Wenn Sie Autofahren gelernt haben, dann erinnern Sie sich, dass Sie am Anfang genau überlegt und hingesehen haben, wenn Sie irgendeinen Hebel bedienten. Heute weiss Ihr Unterbewusstsein, was zu tun ist, und organisiert die entsprechenden Handlungen, ohne dass Sie bewusst darauf achten müssen.

Noch sind in Ihrem Unterbewusstsein eine Unmenge von Vorstellungen, Glaubenssätzen und Gewohnheiten aus Ihrer Vergangenheit, die nicht dem Millionärdasein entsprechen. Es geht aber darum, schon „Millionär zu sein," bevor das Geld kommt. Die alten Paradigmen führen zu den Ergebnissen, die Sie gegenwärtig in Ihrem Leben haben, aber nicht wollen. Sie behindern und unterdrücken Ihr Wachstum. Kurzum – sie sind negativ und deshalb destruktiv. Es gibt für Sie nur eine einzige Möglichkeit, sich weiterzuentwickeln und das Leben zu führen, von dem Sie schon immer geträumt haben: Sie müssen alte Paradigmen bewusst durch neue Paradigmen ersetzen.

Es ist wie bei einem Navigationssystem, das heute in vielen Autos Standard ist und den Fahrer auf direktem Weg ans Ziel bringt. Dieser braucht nur den Bestimmungsort einzugeben. Über Satelliten bestimmt das System den Standort und liefert dem Fahrer genaue Anweisungen, welche Strecke er fahren muss. Wenn er eine Abzweigung verpasst, errechnet das System eine neue Route. Das bedeutet: Der Fahrer kann unterwegs durchaus Fehler machen. Allerdings darf er nicht vergessen, das Ziel seiner Reise zu programmieren. Im richtigen Leben ist es genauso. Unser Unterbewusstsein funktioniert wie ein Navigationssystem. Es braucht konkrete Zieleingaben, um uns dann selbstständig dahin zu führen, wohin wir wollen.

Kraft der Autosuggestion

Eine Möglichkeit der Programmierung ist die Nutzung von Affirmationen (positiven Aussagen über Sie selbst, die der Person entsprechen, die Sie sein wollen). Dies nennt man auch Autosuggestion. Mit der Kraft der Autosuggestion können Sie das eigene Unterbewusstsein gezielt beeinflussen. Denn wir haben mit unserem freien Willen die Möglichkeit zu bestimmen, welche Gedanken, Vorstellungen, Emotionen und Informationen unserem Unterbewusstsein zugeleitet werden sollen und welche nicht. „Einmal ist keinmal!" Sie müssen die Autosuggestion so lange fortsetzen, bis Ihr System es total verinnerlicht hat, bis Sie glauben, was Sie zu sich sagen und den Eintritt des Gewollten 100%ig erwarten.

Der Mensch ist nur das, wozu ihn seine Gedanken machen. Sie wissen ja: Ihr Denken, Glauben und Fühlen beherrschen Ihr Schicksal. Gedanken an Reichtum und Erfolg verwirklichen sich – vorausgesetzt, Sie glauben an das, was Sie denken.

In der Bibel heisst es:

> *„Wenn du könntest glauben! Alle Dinge sind möglich dem, der da glaubt."*
> *— Markus-Evangelium 9, 23*

Jeder kann ungeahnte Erfolge erzielen, wenn er die tiefen Schichten seines Unterbewusstseins gezielt für sich arbeiten lässt.

Denn Autosuggestion ist nichts anderes als Selbstbeeinflussung und funktioniert wie folgt:

Entspannen Sie sich. Dann stellen Sie sich vor, dass Sie Ihr Ziel bereits erreicht haben. Sprechen, gehen, fühlen und handeln Sie so wie die Person, die Sie sein möchten. Das heisst nicht, dass Sie Geld ausgeben sollen, das Sie noch nicht haben. Achten Sie jedoch auf Ihre Körperhaltung und Ihre Stimme. Kleiden Sie sich anders als vorher, ändern Sie Ihre Frisur. Werden Sie die Person, die Sie sein wollen. Umgeben Sie sich mit erfolgreichen Menschen, die schon dort sind, wohin Sie gelangen wollen.

Nutzen Sie jetzt wieder Erkenntnis- und Fokusbogen:

- Bisher umgebe ich mich mit Menschen, die zu meiner jetzigen Situation passen.

oder

- Ich umgebe mich mit Menschen, die zu meinem zukünftigen Lebensstil passen.

„Es ist gut, wohlhabend zu sein," „Alles Geld, was ich brauche, fliesst mir zu," „Ich bin ein Geldmagnet." Dies sind mögliche Affirmationen, mit denen Sie Ihr Unterbewusstsein überzeugen, dass Sie eine wohlhabende Person sind. Wählen Sie Affirmationen, die Ihrem Ziel entsprechen.

Eine Bedingung gibt es: Die Ziele müssen positiv formuliert werden. Der Satz „Ich will nicht mehr arm sein" hat keine Aussicht auf Erfolg. Denn Ihr Unterbewusstsein denkt nur in Bildern. Für „arm" hat es ein Bild, doch es hat kein Bild für „nicht." Hier sucht das Unterbewusstsein vergebens. Also wird das Bild „arm" Wirklichkeit werden. Die dazugehörende Emotion bezieht sich ebenfalls auf die Armut – und Sie erhalten dann wieder mehr von dem, was Sie nicht wollen. Achten Sie deshalb immer auf die Formulierung!

Noch besser ist es, statt Af*firm*ationen Af*form*ationen zu nutzen. Wenn Affirmationen nicht konsequent mit intensiven Emotionen verknüpft sind, finden sie nur im Kopf statt und bewirken daher wenig. Wichtig ist aber, dass wir uns in eine neue Form bringen, und dies geht besser durch A*form*ationen: Affirmationen sind positive Aussagen, Afformationen sind immer in Frageform zu gestalten. Eine Affirmation könnte sein „Ich bin Millionär," die Afformation dazu könnte lauten: „Was kann ich tun, um Millionär zu sein?" Durch die Fragestellung wird Ihr Unterbewusstsein und Ihr gesamtes System dazu angeregt, sich in Richtung Lösung zu bewegen: Fragen sind wie Rezeptoren im Gehirn, an denen die Lösung andocken kann, deshalb sorgen Afformationen dafür, dass Sie eine neue Realität kreieren.

Verbindung zwischen Geist und Materie

Unser Gehirn kann nicht zwischen einer tatsächlich gemachten Erfahrung und einer intensiv vorgestellten Situation unterscheiden. Ein Beispiel: Stellen Sie sich bitte vor, wie Sie eine frische Zitrone mit dem Messer zerteilen. Nun stellen Sie sich vor, wie Sie ein Stück dieser frischen Zitrone in die Hand nehmen, zum Mund führen und kräftig hineinbeissen. Was passiert mit Ihnen, während Sie das tun? Läuft Ihnen das Wasser im Mund zusammen? Interessant, nicht wahr?! Obwohl Sie nicht wirklich in die saure Zitrone gebissen haben.

Technik des Visualisierens

Nutzen Sie die Technik des Visualisierens, um Ihre Ziele und Wünsche in Bilder umzusetzen. Auf diese Weise können Sie die Wirklichkeit vorwegnehmen. Lassen Sie vor Ihrem inneren Auge grosse, bunte Bilder ablaufen, wie Sie Ihr Ziel erreichen. Erleben Sie, wie Sie die Aufgaben auf Ihrem Weg zum Ziel hervorragend lösen. Nutzen Sie dabei all Ihre Sinne.

Beginnen Sie, ein mentales Spiel mit sich selbst zu spielen. Machen Sie es sich zur Gewohnheit, sich selbst als reich vorzustellen. Besonders günstige Momente zum Visualisieren sind kurz vor dem Einschlafen und kurz nach dem Aufwachen. Ihr Unterbewusstsein ist in diesen Phasen, die man auch als Alpha-Zustand bezeichnet, formbar wie Wachs.

Grundsätzlich gilt: Je häufiger Sie die Technik des Visualisierens anwenden, desto besser. Es sollte so alltäglich werden wie Zähneputzen. Entwerfen Sie Ihr neues Selbstbild in allen Einzelheiten. Wie fühlt es sich an, Millionär zu sein? Wie sieht Ihr Traumhaus aus? Wie fährt der neue Sportwagen? In welcher Boutique kaufen Sie Ihre Kleider? In Ihrem Unterbewusstsein steckt unglaublich viel Energie. Wenn wir dem Unterbewusstsein ein Ziel vorgeben, sucht es nach Wegen, dieses Ziel zu verwirklichen.

Wiederholung als Schlüssel

Das Gesetz des Lernens besagt: Wiederholung ist der Schlüssel zum Erfolg. Werden die positiven Affirmationen oft genug wiederholt und mit positiven Emotionen aufgeladen, prägen sie sich unauslöschlich in die tiefen Schichten Ihres Geistes ein. Benehmen Sie sich so, als hätten Sie Ihr Ziel schon erreicht. Seien Sie die Person, die Sie werden möchten. Sprechen Sie mit sich selbst, wie gut es ist, reich zu sein. Gratulieren Sie sich selbst zu Ihrem Reichtum. Obwohl es wie ein Spiel aussieht, ist dieses Verhalten äusserst intelligent. Andrew Carnegie formuliert es so:

> *„Jegliche Vorstellung, die sich im Geist befindet und betont wird – das geschieht, indem man sich darauf konzentriert, bewusst daran denkt, sie entweder fürchtet oder verehrt –, wird sich sofort in der passendsten und geeignetsten materiellen Form manifestieren, die verfügbar ist."*

Mit anderen Worten: Ihr Bankkonto, Ihre Gesundheit, Ihre soziale Stellung, Ihre berufliche Position sind nichts anderes als der physische Ausdruck Ihrer früheren Denkweise. Wenn Sie wirklich die Resultate in Ihrer physischen Welt verändern oder verbessern möchten, müssen Sie Ihre Gedanken ändern – und das am besten sofort.

Es klingt einfach. Es ist simpel, aber nicht einfach.

> *„Es ist schwieriger, eine vorgefasste Meinung*
> *zu zertrümmern als ein Atom."*
> — *Albert Einstein*

> *„Nichts ist stärker als die Gewohnheit."*
> — *Ovid*

Es ist ein universelles Gesetz, dass Sie etwas zunächst in mentaler Form haben müssen, um es dann in physischer Form zu besitzen. SEIN–TUN–HABEN – das ist die Erfolgsformel. Machen Sie sich diese Wahrheit bewusst. Allem, was wir tun, geht eine Vorstellung voraus. Sie müssen in Ihrem Geist bereits die Person sein, die Sie sein wollen. Dann folgt der Körper diesem Bild und schliesslich die äussere Umgebung.

Angenommen, Sie möchten abnehmen. Stellen Sie sich vor, dass Sie bereits die schlanke und attraktive Person sind, die Sie sein möchten. Mit entsprechender Diät nähert sich Ihr Körper Stück für Stück Ihrer Traumfigur an. Schliesslich werden Sie auch von Ihrer Umgebung die bewundernden Blicke ernten, die Ihnen bislang versagt blieben.

Nutzen Sie nun wieder Erkenntnis- und Fokusbogen:

❶ Bisher glaubte ich, das Leben geschieht mir.

oder

❶ Ich glaubte schon immer, dass ich mein Leben gestalte.

Emotionaler Impact

In der heutigen Instant-Welt möchten wir natürlich alles immer ganz schnell haben. Können wir die Umprogrammierung nicht schneller erreichen?

Ja, es geht! Die Umprogrammierung hängt von dem sogenannten emotionalen Impact ab. Das heisst, die Stärke Ihrer Emotion spielt dabei die grosse Rolle. Wie stark ist die Emotion, die auf Ihr Unterbewusstsein wie auch auf alle Ihre Zellen wirkt? Die Wirkung muss bis in das Innerste Ihrer Zellen vordringen, damit „der Groschen fällt."

Eine starke Emotion kann Ihr ganzes Glaubenssystem in einer Sekunde verändern. Bei einer Schocksituation ist dies den meisten bekannt. So entstehen Traumata. Ein einfaches Beispiel: Wenn Sie bisher Hunde gerne mochten, hatten Sie keine Angst vor ihnen. Wenn Sie dann plötzlich ein Hund beisst, haben Sie von einer Sekunde zur anderen eine veränderte Einstellung zu Hunden. Zur Umprogrammierung bedarf es aber keiner negativen Erfahrung, ich wollte Ihnen hier nur ein leicht verständliches Beispiel geben. Den Ausschlag gibt allein die Stärke der Emotion. Bei positiven Zielen gelingt es allerdings vielen nicht, die Emotion stark genug zu empfinden, sonst würde es genauso schnell gehen. Also sehen Sie zu, dass Sie Ihr Ziel mit der stärksten Emotion verbinden, die Ihnen möglich ist. Denken Sie daran, die Anziehung geht von Ihrer (emotionalen) Schwingung aus.

Neue Information

Auch eine neue Information kann zur sofortigen Umprogrammierung führen. Denken Sie nochmals an das Beispiel, die Erde sei eine Scheibe. Solange Sie glauben, dass die Erde eine Scheibe ist, ist es nachvollziehbar, dass Sie glauben, Sie könnten am Rand herunterfallen. In dem Moment, wenn Sie die glaubhafte

Information erhalten (stellen Sie sich vor, Sie könnten es aus dem All sehen), dass die Erde eine Kugel ist, wird Ihre Angst normalerweise verschwunden sein. Hierzu habe ich ein CD-Programm entwickelt, das Ihnen dank einer neuen Sichtweise die Freisetzung Ihres Potentials schneller ermöglicht: *Sub-Personalities – Wie alte Rollenanhaftungen unser Leben bestimmen und wie wir uns davon befreien.* Sie können es bei millionaire-spirit.com bestellen.

Veränderungsmethoden

Um die Programmierung schneller zu erreichen, werden am Markt diverse Techniken angeboten. Ich habe sie alle ausprobiert und mit vielen auch gute Erfolge erzielt, so dass ich sie dann auch weiterempfohlen habe.

Doch manche sagten mir, sie hätten schon dreimal dieses XY-Seminar besucht und es habe nichts gebracht. Über einen längeren Zeitraum habe ich auch mit jemand zusammengearbeitet, der sich auf eine Technik spezialisiert hatte, und wir machten gemeinsame Workshops. Dachte ich doch, so schneller meine Kunden zum Erfolg führen zu können, denn was bei mir funktionierte, sollte doch bei anderen auch funktionieren! Doch weit gefehlt. In dieser Zusammenarbeit stellte sich dann ganz klar heraus, dass wirkliche Fortschritte sich nur dann einstellten, wenn klare Zielsetzung und tiefes Verlangen vorhanden sind.

Das Problem mit vielen Techniken wie z. B. dem „Klopfen," um emotionale Blockaden zu beseitigen, besteht meist darin, dass eine ganz konkrete Frage „beklopft" werden muss. Es hängt also nahezu alles davon ob, ob die Frage, das Thema, das Trauma, richtig formuliert und getroffen wurde. Ich lernte also, dass der Erfolg stark vom Therapeuten abhing wie gut er war, die richtige Formulierung zu finden bzw. vom „Patienten" wie klar sein Ziel bzw. sein Änderungswunsch war.

Ich nehme daher Abstand (entgegen der ersten Auflage) konkrete Methoden dieser Art zu empfehlen. Wie im Consulting überhaupt geht es im Leben nicht so sehr um Methoden. Dies ist meist Oberflächenbehandlung, und es geht ja gerade nicht darum, Symptome zu behandeln, sondern auf Zellebene Programmierungen zu entdecken bzw. bearbeiten zu können, ohne sie bewusst finden und benennen können zu müssen. Wenn ich etwas verdrängt habe, komme ich doch im Regelfall nie dazu, dies Benennen zu können.

So empfehle ich dazu nur Möglichkeiten, bei denen ich das Bewusstsein umgehen kann, zum Beispiel Meditation oder Kundalini-Yoga. Dies kann jeder selbst leicht beginnen und so lernen, sich selbst besser zu spüren. Das entscheidende an den Kundalini-Übungen ist, nichts wissen und keinen besonderen „Satz" brauchen zu müssen. Rein über die Anwendung regelt das Unterbewusstsein von selbst, was geändert werden muss. Erstaunlich, wie Entgiftung auf körperlicher und emotionaler Ebene so erreicht werden kann.

Es gibt auch andere einfache Methoden, die aber oft von der Qualität des „Coaches" abhängen. Wenn Sie Namen möchten, schreiben Sie mir eine E-Mail und ich benenne Ihnen dann jemanden, der aus meiner Sicht zu Ihnen passt. Aber wie beim Lotto gilt hier: „Ohne Gewähr!"

Also, wenn Sie eine klare Zielsetzung haben und wenn Sie die Gesetze des Denkens und Glaubens richtig anwenden, können Sie sofort Ergebnisse erzielen und ungeahnte Reichtümer in Ihr Leben bringen. Das ist das grösste Geheimnis des Lebens überhaupt.

Zusammenfassung

- Wir werden zu einem Grossteil von unserer Umwelt, besonders von Eltern, Grosseltern, Lehrern, unserer Kultur und Religion geprägt. Alte Paradigmen und Glaubenssätze, die wir von anderen übernommen haben, schränken unser Denken und damit unsere Möglichkeiten ein.

- Reichtum und Erfüllung sind nur möglich, wenn Sie sich von den Paradigmen der Vergangenheit lösen und Ihr Unterbewusstsein neu programmieren. Dies gelingt durch die Kraft der Autosuggestion.

- Nutzen Sie die Technik des Visualisierens, um ein neues Selbstbild von sich selbst zu entwerfen. Sehen Sie sich so, als seien Sie schon reich, wohlhabend und finanziell unabhängig. SEIN-TUN-HABEN – das ist die Formel erfolgreicher Menschen.

- Ihre Gedanken, verbunden mit der entsprechenden Emotion, haben eine magnetische Kraft. Denken und fühlen Sie sich reich! Sie werden anziehen, was Sie denken, und zu dem werden, was Sie sich vorstellen.

„Es gibt tausend Möglichkeiten, Geld loszuwerden, aber nur zwei, um es zu erwerben: Entweder wir arbeiten für Geld – oder das Geld arbeitet für uns."
— Bernard Mannes Baruch, amerikanischer Politiker

5. Erfolg mit klarem Konzept

Im Zusammenhang mit der Zielsetzung und dem Gesetz der Anziehung habe ich Ihnen gesagt, dass es nicht auf das „Wie" ankommt. Nun, um etwas in die materielle Welt zu bringen, bedarf es schon einiger Aktivitäten. Diese folgen am besten einem klaren Konzept. Es führen zwar viele Wege nach Rom, aber man muss sie auch gehen und sich am besten für einen entscheiden. Der Plan (Weg) kann aber erst entstehen, wenn wir wissen, was wir genau wollen, und beginnen, uns in die gewünschte Richtung zu „programmieren." Sobald wir der grünen Linie folgen, entwickeln wir ein neues Bewusstsein, aus dem Konzepte entstehen, die uns vorher unmöglich schienen. Denn:

> *„Nicht das, was wir nicht wissen, hält uns vom Erfolg ab.*
> *Das, was wir wissen, was wir für wahr halten, was aber nicht*
> *wahr ist, ist unser grösstes Handicap!"*
> — *Josh Billings, Schriftsteller, 1818-1885*

Bevor wir das Grundgerüst eines Basiskonzeptes fixieren, möchte ich den wichtigen Punkt Zeit bzw. Zeiteinschätzung und -nutzung hervorheben. Zeit ist das einzige, was gerecht auf dieser Welt verteilt wurde. Jeder von uns hat gleich viel Zeit. Die Armen und Reichen haben alle 24 Stunden pro Tag und nicht mehr. Da wir wissen, dass mehr als 50 Prozent der lebenden Millionäre ihren Reichtum in diesem Leben selbst erschaffen haben, kann es nur sein, dass diese in der ihnen zur Verfügung stehenden Zeit etwas anderes gemacht haben als die Armen. Viele Menschen arbeiten hart, um die Reichen reicher zu machen, aber sie versagen darin, sich selbst reich zu machen.

Die Bedeutung der Zeit

Einer Ihrer grössten Vermögenswerte ist die Zeit. Und einer der Gründe, warum Menschen nicht reich werden, besteht darin, dass sie ihre Zeit nicht richtig nutzen. Manche mögen ihre Zeit überhaupt nicht und müssen sie dann und wann sogar „totschlagen."

An der Beurteilung, was Zeit ist und bedeutet, erkennt man sofort den Unterschied zwischen den Reichen und den Armen. Die Armen verbringen ihre Zeit damit, um Geld zu erarbeiten während die Reichen immer sehen, wie sie mit Geld Zeit kaufen können. Im Kapitel Aktion gehe ich darauf später nochmals ein.

> *„Freie Zeit wird immer mit Unwichtigem verbraucht, wenn Du sie nicht mit Wichtigem füllst!"*
> — Dr. John F. Demartini

Wir werden sehen, dass der Spruch „Zeit ist Geld" wirklich stimmt. Denn die Art und Weise, wie Sie die Zeit nutzen, entscheidet massgeblich darüber, wie viel Geld Sie in der Zukunft haben werden.

Zunächst noch ein einfaches Prinzip:

$Z \times G = V$

Vermögen ist das Ergebnis aus Zeit mal Geld. Nun wissen wir alle noch aus der Schule, dass sich das Produkt ändert, sobald sich einer der Faktoren ändert. Also, Zeit beeinflusst das Vermögen sehr. Haben Sie zum Beispiel wenig Zeit, müssen Sie mehr Geld aufwenden, um das gleiche Vermögen zu schaffen:

$z \times G = V$

Wenn wenig Zeit bis zur Rente oder Pension bleibt und Sie nicht ausreichend versorgt sind, gibt es nur die Möglichkeit, in der noch zur Verfügung stehenden Zeit mehr Geld zu sparen.

Fangen Sie hingegen sehr früh an, sich um Ihre Versorgung zu kümmern, und es sind noch viele Jahre bis zur Rente, können Sie mit viel kleineren Beträgen das gleiche Vermögen aufbauen:

Z x G = V

Zeit ist wichtiger als alles andere. Wenn Sie Geld verlieren, können Sie es wieder erwirtschaften. Selbst wenn Sie an Gesundheit einbüssen, gibt es Möglichkeiten, sie wiederzuerlangen. Zeit aber, die Sie verplempern, ist für immer und ewig verloren. Also: Carpe diem – nutzen Sie den Tag!

Das Verb „leben" ist ein „Tun-Wort." Also seien Sie aktiv und nutzen Sie Ihre Zeit. Denken Sie immer daran: Erst nachdem Sie Ihr Ziel definiert haben, können Sie abwägen (und wir haben viele Entscheidungen pro Tag zu treffen!), ob das, was Sie gerade tun, Sie zum Ziel hinführt oder davon weg.

In der Formel Z x G = V sind uns die einzelnen Faktoren bekannt, und es klingt so selbstverständlich. Doch viele Menschen verschwenden ihre Zeit und auch ihr Geld. Beides wird nicht gewinnbringend investiert.

Merke: Ihr Zeiteinsatz ist entweder eine Verschwendung oder ein Investment; Ihre Geldausgabe ist entweder eine Verschwendung oder ein Investment.

Sehen Sie sich bitte hierzu gleich die Karte im Anhang zum Thema Geldausgabe an. Mit Verschwendung ist dort gemeint: Das Geld ist weg! Investment heisst: Geld kommt zurück, und es wird mehr!

Nutzen Sie die Geldkarte im Anhang dieses Buchs. Schneiden Sie sie aus (oder laden das PDF bei millionaire-spirit.com herunter) und stecken Sie sie in Ihr Portemonnaie, so dass sie vor jeder Geldausgabe für Sie sichtbar ist!

Reich werden durch Behalten

Beim Thema Einkommen und Gehaltserhöhung können wir leicht deutlich machen, wie Reiche und Arme denken. Wir sind fast alle darauf fixiert, ein immer höheres Einkommen zu erzielen. Dies stammt wohl aus Zeiten, in denen alles knapp war und eine bessere Beute das Überleben sicherte. Doch was machen diejenigen, die eine Gehaltserhöhung bekommen? Sie erhöhen sofort ihre Ausgaben. „Endlich kann ich mir dies und jenes leisten!" Investoren dagegen denken bei höherem Einkommen daran, dass sie mehr investieren können! Die einfachste Formel des Reichwerdens lautet: „Behalten!"

Um es einmal deutlich zu sagen: Wenn Sie einen ganzen Tag gearbeitet haben und es ist nichts für Sie übrig geblieben, dann haben Sie an diesem Tag für andere gearbeitet. Natürlich, Sie haben überlebt und sich noch die eine oder andere Annehmlichkeit geleistet. Trotzdem – das zählt nicht. Ich will es noch deutlicher machen: Wenn Sie eine Woche, einen Monat, ein Jahr, ein Leben lang gearbeitet haben und es ist nichts übrig geblieben, dann haben Sie nur für andere gearbeitet!

Wie viel Geld ist bisher in Ihrem Arbeitsleben durch Ihre Hände gelaufen, und wie viel ist übrig geblieben?

Wir leben in einem freien Land. Jeder darf noch selbst entscheiden, ob er ein Sklavenleben führen oder wirklich finanziell frei sein möchte. Freiheit setzt aber Verantwortung voraus! Wenn der Fokus auf Einkommen falsch ist, worauf sollten Sie dann fokussieren?! Der Fokus muss auf Ihr Nettovermögen gerichtet sein! Auf Ihr Vermögen, denn schliesslich wollen Sie reich werden. Also muss Ihr Vermögen wachsen. Darauf gehört der Hauptfokus. So hat der erfolgreichste Investor Warren Buffet seinen Erfolg nicht seinem Einkommen zu verdanken. Ganze 100.000 US-Dollar beträgt sein Gehalt. Der weltbeste Investor aller Zeiten „verdient" nur 100.000 US-Dollar! Das ist sein Arbeitseinkommen. Er hat im

Gegensatz zu vielen Unternehmern nicht versucht, aus seinem Unternehmen Geld abzuziehen, um seinen Lebensstandard zu erhöhen. Sein Hauptfokus bestand darin, den Wert seiner Unternehmungen zu steigern. Bis zum heutigen Tage sind es über 60 Milliarden geworden. Dann kann man sich alles leisten. Also, der Clou ist, das Nettovermögen zu steigern!

Kalkulieren Sie Ihr Netto-Vermögen

In meinen Vorträgen und Consultings erlebe ich immer wieder, dass kaum ein Teilnehmer sein Nettovermögen kennt, geschweige denn seinen Hauptfokus darauf richtet. Das erste Ziel ist der Nettovermögenszuwachs und dann das Arbeitseinkommen. Wer auf Einkommen allein fokussiert, denkt immer noch ausschliesslich an seine eigene Arbeitskraft.

Vermögenswert	monatliches Einkommen	Verpflichtung	Monatliche Kosten
Total Vermögenswerte	€		
Total Verpflichtungen	€		
Nettovermögen (= Vermögenswerte minus Verpflichtungen)	€		

Hier bietet sich für Sie wieder eine gute Erkenntnischance. Nehmen Sie Erkenntnis- und Fokusbogen und prüfen Sie sich selbst:

❗ War Ihr Fokus bisher mehr auf Ihr Nettovermögen

oder

❗ mehr auf Ihr monatliches Arbeitseinkommen ausgerichtet?

Nettovermögenszuwachs entsteht durch steigenden Wertzuwachs Ihrer Investments. Diese kennen Sie natürlich nicht, wenn Sie zur Gruppe derjenigen gehören, die ihr Geld immer ausgeben und nichts übrig lassen. Aber zum Reichwerden gehört ja gerade, aus der Arbeitsfalle herauszukommen. Doch der typische „Sklave" arbeitet nicht nur für den Arbeitgeber, sondern ganz besonders auch für die Bank. So schnell wie nur möglich, sowie es das Arbeitseinkommen erlaubt, fragen wir die Bank: „Darf ich mir ein Haus kaufen?" In dem Glauben, wir sparen dann Geld (Miete), sind wir dankbar, dass wir uns dann für den Rest unseres Lebens verschulden dürfen. Also arbeiten wir schön jeden Monat, um bei der Bank Geld abzuliefern.

In der Schuldenfalle

Viel schlimmer aber ist, dass wir mit der Aufnahme eines Kredits eine Zahlungsverpflichtung eingegangen sind, die uns meistens am Aufbau eines Vermögens hindert. „Aber es machen doch alle so?!" Na ja, ich sagte eingangs bereits, die Masse ist arm. Die Minderheit ist reich, warum wollen Sie dann das tun, was alle tun? „Aber wenn ich ein Haus bezahle, dann geht doch das Geld in meine eigene Tasche und nicht an den Vermieter, und im Alter brauche ich dann keine Miete zu bezahlen, dies ist doch eine gute Vorsorge!?" Theoretisch mag dies richtig sein, doch wirtschaftlich ist es meist ein Trugschluss.

Natürlich zahlen Sie beim eigenen Haus keine Miete. Aber stattdessen zahlen Sie Zinsen an die Bank. Diese sind im Regelfall höher als die Miete. Nur ein kleiner Teil Ihrer monatlichen Zahlung dient wirklich der Vermögensbildung (Entschuldung). Im Regelfall (ich weiss, es gibt zu jeder Regel Ausnahmen) wird ein Annuitäten-Darlehen gewählt. Schauen Sie sich bitte das folgende Rechenbeispiel an:

Darlehenssumme:	500.000 €
Verzinsung p. a.:	8 %
Tilgung:	1 %
Laufzeit:	28 Jahre
Zinsen gesamt:	799.468 €
Bezahlte Summe:	<u>1.299.466 €</u>

Die Bezahlung der privaten Zinsen und vor allem die Tilgung erfolgt in den meisten Ländern aus versteuertem Geld. Das bedeutet: Um netto 1,3 Millionen Euro zur Verfügung zu haben, müssen Sie bei einem Spitzensteuersatz von 50 Prozent brutto rund 2,6 Millionen Euro erarbeiten!

Das heisst, es ist eine grosse Wertsteigerung des Hauses nötig, damit der Hauskauf für Sie überhaupt zum Geschäft wird. Ebenfalls einkalkulieren müssen Sie all die Modernisierungs- bzw. Reparaturkosten, die im Laufe der Jahre anfallen.

Und wissen Sie, was das Schlimmste beim Hauskauf ist? Die meisten kaufen nicht ihr Traumhaus, sondern kaufen nur das, das ihnen die Bank zu kaufen erlaubt. Sie verschulden sich für eine „Zwangsjacke."

Im Klartext: Das Haus müsste nach 28 Jahren mindestens einen Verkaufspreis von 2,6 Millionen Euro erzielen, wenn Sie Ihr in dieser Zeit erarbeitetes Kapital wiederhaben möchten. Von Rendite wollen wir noch gar nicht reden, Sie haben lediglich mietfrei gewohnt. Nun, das stimmt nicht ganz. Denn in den 28 Jahren haben Sie bestimmt eine Menge zusätzliches Geld für Renovierung und Reparatur in das Haus investiert. Geld, das sonst der Vermieter gezahlt hätte. Dies ist auch der Grund, warum ein

Eigenheim nicht die beste Altersvorsorge ist. Es heisst dann später eben nicht Miete, sondern nur Reparaturaufwendungen. Schauen Sie sich einmal auf dem Immobilienmarkt Häuser an, die 20 oder 30 Jahre alt sind. Würden Sie da gerne einziehen, ohne dass sie renoviert sind?

Wer immer noch meint, ein Eigenheim sei eine gute Investition, lügt sich in die eigene Tasche. Oft höre ich dann, das Haus soll für die Kinder sein. Fragen Sie bitte einmal Ihre Kinder, ob sie später wirklich in Ihrem Haus leben wollen? Wir haben heute eine andere Zeit. Oder fragen Sie sich selbst. Möchten Sie immer noch in der Wohnung Ihrer Eltern leben?

Wer sich früh mit einem Eigenheim verschuldet, verbaut sich für die Zukunft oft alle finanziellen Chancen und hat meistens seinen Kreditrahmen so ausgeschöpft, dass renditestarke Investments nicht mehr möglich sind.

Hier noch eine aktuelle Anmerkung im Rahmen der 2. Auflage dieses Buchs:

Ausgelöst durch die Finanzkrise erleben wir derzeit ein allgemein sehr niedriges Zinsniveau, was dazu führen könnte, die vorgenannten Ausführungen nicht ernst genug zu nehmen. Wenn Sie Ihr Traumhaus gefunden haben und einen guten Einkaufspreis haben, dann ist eine günstige Zinsphase natürlich sehr von Vorteil. Ansonsten: Vorsicht! Erstens werden in einer niedrigen Zinsphase viele Menschen verleitet, etwas zu kaufen, nur weil die Zinsen gerade niedrig sind. Das wird sich aber garantiert wieder ändern und viele Käufer dann mit höheren Raten überraschen. Doch meist schlimmer ist, dass in Niedrigzinsphasen viele kaufen wollen und die Immobilienpreise extrem steigen. So ist in Deutschland, während ich dies schreibe, an vielen Stellen der Markt so leergefegt, dass die Interessenten sich geradezu drängeln und Wohnimmobilien höchstbietend ersteigern. Dies führt aber zu erhöhten Preisen. Steigen die Zinsen, fallen die Preise wieder auf das richtige Niveau zurück. Dies bedeutet steigende monatliche Zahlungen, die zu nicht kalkulierten Belastungen führen und dazu, dass bei einem Verkauf erhebliche Verluste aufgrund der Wertanpassung gegeben sein können.

Gute und schlechte Schulden

Hier lernen wir gleich etwas über gute und schlechte Schulden. Gute Schulden sind Finanzierungen für Investments, die Ertrag bringen und Sie reicher machen; schlechte Schulden sind solche, die weitere Zahlungen erfordern. Deshalb zählen wir ein Eigenheim auch nicht zu den guten Investments, da es laufende Zuzahlung erfordert und in der Regel dann sogar noch mehr kostet, als es einbringt. Wirtschaftlich betrachtet ist die Investition in ein Eigenheim meistens Nonsens – insbesondere, wenn Sie es finanzieren müssen.

Menschen geraten immer dann in eine Notlage, wenn sie nur einkommensorientiert leben und Finanzierungen haben, die sie nicht mehr bedienen können, sobald das Einkommen sich verringert oder wegfällt. Das gilt übrigens auch für den Staat. Er verhält sich wirtschaftlich ebenso falsch und riskant. Das Leben läuft nie linear. Schon in der Bibel ist die Rede von sieben fetten Jahren und sieben mageren Jahren. Wenn Sie mit hohen Krediten und ohne Reserven in die mageren Jahre gehen, bedeutet dies meistens den finanziellen Tod. Umgekehrt ist es für diejenigen, die finanziell frei sind und Cash haben, eine Möglichkeit, günstig einzukaufen. Denn durch Notverkauf werden viele Objekte unter Wert abgegeben.

Die Drei-Töpfe-Idee

Damit kommen wir zu einem Grundkonzept: die „Drei-Töpfe-Idee." Sie basiert auf folgendem Grundsatz: Zunächst sparen, dann investieren und erst dann riskieren. Dies bedeutet konkret, dass ich jedem empfehle, sich einen „Topf" zuzulegen, der genügend Geld beinhaltet, um eine Zeit der Not zu überbrücken. Not bedeutet für mich hier, dass die aktuelle Geldquelle versiegt – sei es durch Arbeitsplatzverlust oder durch Aufgabe des eigenen Geschäfts. Ein Angestellter zum Beispiel sollte so viel Geld in Topf 1 haben, dass er bei Kündigung die Monate überbrücken kann, die er benötigt, um wieder eine Anstellung zu finden. Jeder muss für sich selbst entscheiden, wie viele Monate das sind. Drei bis sechs dürfte der Regelfall sein.

Also, in Topf 1 ist so viel Geld, dass die laufenden Kosten für drei bis sechs Monate abgedeckt sind. Für einen Selbstständigen kann der Zeitraum grösser sein. Um eine neue Quelle zu erschliessen oder ein neues Geschäft zu eröffnen, muss vielleicht eine längere „Durststrecke" überwunden werden. Es kann unter Umständen zwei Jahre oder länger dauern, bis aus dem neuen Geschäft wieder Geld fliesst.

„Zuerst überleben – Geld machen danach!"
— *George Soros*

Viele Menschen haben heute ihre Finanzplanung, wenn man überhaupt davon sprechen kann, so aufgestellt, dass das Monatsgehalt gerade reicht, um die laufenden Kosten zu bezahlen. Wenn die nächste Überweisung nicht kommt, sind sie schon in Not. Dies bedeutet jeden Monat Stress, jedenfalls für das Unterbewusstsein.

Daher stürzen unvorhergesehene Geldausgaben viele Menschen in eine Krise. Vor allem aber trauen sie sich nicht mehr, sie selbst zu sein. Sie kuschen und verbiegen sich im Job oder halten viel zu lange an immer schlechter laufenden Geschäften fest. Dies hat enorme Auswirkungen auf das Selbstwertgefühl, die Gesundheit und die privaten Beziehungen. Ob wir es mögen oder nicht, auf 100 Fragen im Leben ist 99-mal die Antwort: Geld. Wenn Sie ständig fürchten, Ihre Einnahmequelle könnte versiegen, leben

Sie nicht mehr frei und schaden sich selbst. Zudem haben Sie gelernt, dass Emotion gleichbedeutend mit „Anziehungskraft" ist. Also ziehen die Menschen das an, was Sie fürchten. Die Folge: Es geht ihnen immer schlechter.

Topf 1 sichert Ihnen also die Freiheit zu gehen, wenn Ihnen der Arbeitsplatz nicht mehr gefällt oder wegrationalisiert wird. Prüfen Sie sich einfach selbst: Wie fühlt es sich an, wenn Sie diese Freiheit hätten? Das Geld in Topf 1 darf daher nur konservativ und sicher angelegt werden. Es muss im Fall des Falles sofort zur Verfügung stehen. Aktien scheiden aus, da gerade dann, wenn das Geld gebraucht wird, der Aktienmarkt im Keller sein kann. In Topf 1 geht es nicht darum, hohe Renditen zu erwirtschaften, sondern um finanzielle Sicherheit und Liquidität. Zudem ist Topf 1 der Höhe nach limitiert. Sie selbst legen den Betrag fest.

Vom Sparen zum Investieren

Topf 2 und 3 sind der Höhe nach nicht limitiert. Sie dürfen unendlich wachsen. Mit dem Aufbau von Topf 2 beginnen Sie, wenn Topf 1 gefüllt ist. Jetzt wechseln Sie vom Sparen zum Investieren. Wenn Sie diesen Unterschied vertiefen wollen, sollten Sie in einen meiner Vorträge kommen, oder wenden sich an Jens Krautscheid, den Gründer von *Yes we Invest* (yes-we-invest.com). An dieser Stelle möchte ich nur so viel dazu sagen: Sparen kennen wir alle. Wir legen einfach Geld beiseite. Meistens tun wir es, indem wir Geld zur Bank bringen und uns dafür Zinsen geben lassen.

Für Topf 1 ist dies in Ordnung. In Topf 2 beginnen wir nun darüber nachzudenken, wo und wie man bessere Zinsen erzielen kann als bei einem Sparkonto. Hier können schon Aktien ins Spiel kommen. Trotzdem sollten Sie auch in Topf 2 weitgehend auf konservative Anlageformen setzen. Also, wenn Aktien entscheiden wir uns hier eher für Indexpapiere, Zertifikate oder sogenannte Blue-Chip-Aktien, d. h. Aktien von grossen, bekannten Firmen, die als sicherer gelten. Als sicher gilt, wenn diese Firmen etwas herstellen, was immer gebraucht wird, auch nach einem eventuellen Crash und eine gesicherte Markposition haben. Achten sie aber hier auch auf die aktuellen Preise. Wie ist das Kurs-Gewinn-Verhältnis? Lohnt es sich jetzt einzusteigen? Natürlich gibt es im Aktienmarkt immer Schwankungen. Der Börsenwert eines Unternehmens gibt Ihnen nie den wirklichen aktuellen Verkaufswert des Unternehmens an. Ob die Kurse fallen oder steigen, muss mit dem Wert des Unternehmens nichts zu tun haben. Auch bei den grossen Firmen kann es ein deutliches Auf und Ab geben. Daher bleiben wir auch in Topf 2 noch weitgehend auf der konservativen Seite. Mit Ihrem zukünftigen Finanzberater können Sie dies genauer abstimmen. Ich halte in den Töpfen 2 und 3 selbst noch eine Aufteilung von 75 zu 25 Prozent für wichtig. Das heisst: 25 Prozent des Geldes dürfen „risikofreudiger" angelegt werden.

Mit Topf 3 beginnen wir, sobald in Topf 2 Vermögenswerte enthalten sind, die die laufenden Kosten von ein bis zwei Jahren abdecken. Nicht, weil es mir schon wieder um die Kosten geht, sondern es geht mir darum, eine Faustregel aufzustellen, wann Sie sich Topf 3 zuwenden sollten. André Kostolany, ein alter Börsenkenner, hat einmal gescherzt: „Wenn du viel Geld hast, kannst du spekulieren. Hast du ausreichend Geld, darfst du nicht spekulieren. Hast du kein Geld, dann musst du spekulieren." Dies ist ein Scherz und sollte nicht zur Regel gemacht werden! Bevor Sie anfangen zu spekulieren, sollten Sie sich erst auf die sichere Seite bringen. Keine Sorge, es geht dann später sehr schnell. Wenn Sie aber bereits galoppieren wollen, ohne das Reiten gelernt zu haben, leben Sie gefährlich. Wenn Sie ein erfahrener Investor geworden sind, wenn Sie selbst genau wissen, wie Sie Ihr Geld anlegen, dann können Sie ggf. den Inhalt von Topf 2 reduzieren, da Sie dann nicht darauf angewiesen sind, einen neuen Arbeitsplatz zu finden. Solange Sie aber noch auf Berater angewiesen sind, empfehle ich Ihnen dringend, die „2-Jahresregel" einzuhalten.

Oft kommen auch sogenannte Vermögensberater und preisen die einmalige Gelegenheit, den „Superhit" an. Vergessen Sie es, bleiben Sie ruhig. Es kommen immer wieder gute Gelegenheiten!

In Topf 3 können Sie auch mit alternativen, „risikofreudigeren" Investments beginnen. Hier gilt wieder die 75:25 Prozentregel. 25 Prozent können zum Beispiel Investitionen in Start-Up-Unternehmen sein. Bei letzteren weiss man allerdings nie, ob sie ein Erfolg werden. Auch ich habe dabei schon Geld verloren. Anderseits – wenn es funktioniert, sind überdurchschnittliche Renditen möglich. Dies können einige hundert bis tausend Prozent sein.

Trotzdem sollte man immer Vorsicht walten lassen und sich auch bei noch so toll erscheinenden Projekten nicht von seinem Konzept abbringen lassen. Denken Sie immer daran: „Gier frisst Hirn!" Und der einfachste Weg, reich zu werden, heisst: „Weniger ausgeben, als man einnimmt!" Funktioniert garantiert! Deshalb ist „Geld behalten" der oberste Grundsatz. So sagt Warren Buffet:

> „Regel 1: Kein Geld verlieren. Regel 2: Regel 1 beachten."

Daraus folgt, dass wir mit Erfahrung nur dann kaufen, wenn wir unter dem wirklichen Marktwert kaufen können. Ganz gleich, ob es Immobilien oder Aktien sind. Man kann immer etwas unter Marktwert finden. Nochmals: der Börsenwert ist nicht der wirkliche Wert. Gerade durch die entartete Idee des *Shareholder Value* wird heute viel zu viel auf den Aktienkurs geschaut, viel mehr als auf den wirklichen Wert des Unternehmens.

Wenn Sie aber über dem wirklichen Wert kaufen, spekulieren Sie, das ist kein Investieren. Es gilt auch für uns die alte Kaufmannsweisheit: Der Gewinn liegt im Einkauf!

„Es gibt nur einen Grund, weshalb eine Aktie auf einen Schnäppchenkurs fällt – weil andere sie verkaufen. Es gibt keinen anderen Grund. Um zu einem Schnäppchenpreis zu kaufen, muss man suchen, wo die meisten Menschen am stärksten von Angst und Pessimismus erfüllt sind."
— Sir John Tempelton

Risiko

Nun habe ich etwas weiter oben das Wort „risikofreudiger" benutzt. Wie Sie aber auch sehen, habe ich es in Anführungsstriche gesetzt. Wenn Sie Investieren richtig gelernt haben, gibt es das „Risiko" nicht mehr. Fahren Sie morgens mit dem Auto zur Arbeit? Empfinden Sie dies als grosses Risiko? Wohl nicht! Wenn Ihr sechsjähriger Sohn Sie morgens in Ihrem Auto zur Arbeit fahren würde, empfänden Sie dann mehr Risiko? Natürlich. Was ich damit sagen will: Autofahren an sich ist nicht das Risiko, es hängt von der Fähigkeit des Fahrers ab. Und genauso ist es mit Investitionen. Die Investitionen selbst sind nicht riskant, sondern es ist die Unwissenheit oder Ignoranz des Investors, die das Risiko kreiert.

Und an dieser Stelle möchte ich Sie auf einen weit verbreiteten Nonsens aufmerksam machen. Heute gehen mehr und mehr Banken und Finanzberater dazu über, zu Beginn mit Ihnen einen Fragebogen auszufüllen, um Ihr „Risikoprofil" festzulegen. Wenn Ihnen das nächste Mal so etwas wieder begegnet, sollte in Ihnen, zumindest innerlich, die Wut hochkommen. Warum? Was heisst das denn – Risikoprofil? Die wollen mit Ihnen festlegen, wie viel Sie bereit sind zu verlieren!

Hier können Sie womöglich auch einen Irrglauben bei sich selbst entdecken. Die landläufige Meinung ist, dass die grossen Investoren riskantere Geschäfte machen und ein höheres „Risikoprofil" haben, wie es in der Banksprache heisst. Nonsens, es ist genau umgekehrt. Je erfahrener der Investor, desto klarer besteht er darauf, kein Risiko eingehen zu wollen! Also, lassen Sie sich nie wieder darauf ein, bei der Bank Risiko zu akzeptieren. Das dient der Bank nur zur Absicherung gegen eventuelle Haftungsansprüche.

Aber warum muss denn der Berater mit Ihnen überhaupt ein Risikoprofil ansprechen? Um es klar zu sagen: weil er keine Ahnung davon hat, was er tut. Dies ist jetzt umgangssprachlich gemeint. Wenn wir das Wort „Ahnung" genau nehmen, dann ist es gerade das, was der Berater hat: Ahnung. Und nicht mehr. Wenn er wirklich das Wissen hätte, würde er dann die Arbeit machen, die er gerade macht – mit Ihnen Formulare ausfüllen?

> *„Der Mann, der herausgefunden hat, wie man aus ‚Nichts'*
> *Gold macht, wird dir das Geheimnis nicht für 100 Dollar im*
> *Jahr verraten."*
> — *John Train*

Merken Sie sich diesen Satz auch hinsichtlich aller Börsen- und sonstigen Anlagebriefe. Merken Sie sich diesen Satz auch in Bezug auf alle Analysten, Finanzjournalisten, Fernseh-Börsengurus etc. Untersuchungen zeigen immer wieder, dass die Mehrheit der Analysten und Berater mit ihren Vorhersagen zu über 90% danebenliegen. Das ist doch auch klar. Was ist denn der wirkliche Job dieser Leute? Andauernd etwas Wichtiges von sich zu geben. Sie werden bezahlt für Aktivität! Magazine haben Redaktionsschluss! Also muss etwas empfohlen werden, egal wie gut, sonst ist der Job verloren. Als Investor werden Sie aber nicht dafür bezahlt, wie aktiv Sie sind, sondern dafür, dass Sie eine richtige Anlageentscheidung getroffen haben.

Wenn etwas anders läuft, als es Analysten und Berater vorhergesagt haben, werden Sie den Standardsatz hören: „Der Markt hat völlig anders reagiert." Komischerweise habe ich nie von meinen Bankern gehört: „Schei..., da haben wir mit unserem Rat danebengelegen. Wir haben jetzt folgende Idee, es wiedergutzumachen ..."

Nein, es war nie der falsche Ratschlag, der Markt hat sich unverschämterweise nicht an den Vorschlag der Bank gehalten. Und dann kommt der nächste dumme Spruch: „Es sind ja noch keine Verluste entstanden, nur wenn Sie jetzt die Aktien verkaufen." Totaler Quatsch! Ihr Vermögen ist verringert. Wenn Sie weniger Geld auf dem Konto haben, haben Sie wirklich weniger, nicht erst, wenn Sie es abheben.

Sie können diesen dummen Satz der Banker auch direkt überprüfen. Fragen Sie: „Wie hoch war der Beleihungswert meines Depots vor dem Absturz der Aktien, und wie hoch ist der Beleihungswert jetzt?" Dann werden Sie direkt gesagt bekommen, Ihr Depot ist jetzt nicht mehr so viel wert! Gerade während ich diese Zeilen schreibe, müssen Banken Milliarden in fünfstelligen Grössenordnungen abschreiben. Das sollte Ihnen doch deren Know-how deutlich machen. Viele Selbstständige leiden unter den strengen Regeln von Basel III, leider halten sich Banken nicht an die Regeln und verspielen gelegentlich sehr, sehr viel Geld. Übrigens, haben Sie eine Vorstellung davon, wer diesen Schaden ausgleichen muss?

Diversifikation

Diversifikation ist für den erfahrenen Investor ebenso ein Unding. Warum wollen wir die Diversifikation? Um das Risiko zu vermindern! Da ist es schon wieder, das Risiko.

Diversifikation ist nur so lange von Vorteil, solange Sie nicht wissen, was Sie tun. Sie kann Ihnen helfen, Verluste zu vermeiden, bringt Sie aber nicht in den Millionärs-Club. Wenn Sie kein wirkliches Wissen über Ihre Investments haben, kann eine „Streuung des Risikos" Sie vielleicht schützen, ganz tief zu fallen. Aber achten Sie auf meinen Hinweis: Wenn Ihre Berater Ihnen Diversifikation empfehlen, dann sind sie sich auch nicht sicher. Lassen Sie sich auch nicht täuschen, wenn manche Fondsmanager Ihnen sagen, sie seien ja auch am Erfolg beteiligt. Das allein genügt nicht, denn sind sie auch am Verlust beteiligt?

Die erfolgreichsten Investoren der Welt halten von der Idee der Diversifikation gar nichts. Absolut gar nichts! Die wissen, was sie tun, und wenn die ein Superinvestment gefunden haben, dann wird nicht gekleckert, sondern dann wird so viel wie möglich eingesetzt. Nur das vorhandene Kapital ist dann die Limitierung.

> *„Diversifikation ist ein Schutz gegen Ignoranz. Es macht sehr wenig Sinn für die, die wissen, was sie tun."*
> — *Warren Buffett*

Die Top-Investoren machen lieber eine Zeit nichts, als irgendwie zu diversifizieren. Sie spüren keinen Anlagedruck. Also lernen Sie, und dann investieren Sie richtig.

Um es an einem Beispiel noch einmal deutlich zu machen: Wenn Sie sich selbstständig machen wollen, würden Sie dann besser zehn Geschäfte gleichzeitig aufmachen, weil Sie gehört haben, dass in den ersten fünf Jahren 90% aller Geschäfte pleite machen, oder wäre es besser, sich auf eins zu konzentrieren und mit aller Energie aufzubauen? Diversifikation bringt Ihnen immer das Problem, dass Sie Ihre Energie auf viele Investments richten müssen. Je mehr Diversifikation, desto weniger Zeit haben Sie für das einzelne Investment (Prüfung – Marktbeobachtung – Entscheidung).

Aus all diesen Überlegungen ergibt sich ein einfaches Wohlstandskonzept in sieben Punkten.

Ein Wohlstandskonzept in sieben Punkten

Nachdem wir die Grundregel der drei Töpfe geklärt haben, beschäftigen wir uns nun mit dem Basiswohlstandskonzept, das ebenfalls aus sieben Punkten besteht.

Punkt 1: Ein Teil des Einkommens, das ich verdiene, ist für mich zum Behalten.

Dieser einfache Satz hat es in sich. Spätestens an dieser Stelle beginnen bei Vortragsteilnehmern und Beratungskunden Diskussionen und die Verteidigung der „falschen" Glaubenssätze. Denn jeder äussere Handlungsschritt löst zugleich ein inneres Programm aus. Hier, bei Punkt 1, geht es gleich um mehrere „Programm"-Punkte. Fangen wir mit dem Bewusstmachen an. Das Einkommen – was ist das? Viele Angestellte kennen gar nicht mehr ihr wirkliches Einkommen.

Die meisten denken nur noch in dem Nettobetrag, den sie ausgezahlt bekommen, oder in dem Betrag, der ihnen nach Abzug aller Daueraufträge zur Verfügung steht. Viele haben Daueraufträge, die in ihrem Unterbewusstsein verschwunden sind. Die Folge: Es wird nur noch mit dem Geld gerechnet, das man zur freien Verfügung hat.

Der Staat hat es ja auch geschickt eingerichtet, indem ein Grossteil des Einkommens gleich vom Arbeitgeber an andere Stellen überwiesen wird. Aber alles, was abgezogen wird, gehört mit zu Ihrem Einkommen. Das heisst: Das Bruttoeinkommen mit allen möglichen Zulagen beim Angestellten oder den Gewinn vor Zinsen und Steuern (EBIT) beim Selbstständigen bzw. Gewerbetreibenden wollen wir hier als Einkommen definieren. Es geht nicht nur darum, ob Sie diesen Betrag ermitteln können, sondern auch darum, wie gegenwärtig er Ihnen ist. Sind Sie sich jeden Monat oder jede Woche bewusst, wie hoch Ihr Einkommen wirklich ist?

Die Angestellten zahlen viel mehr Steuern bzw. unternehmen weniger, um Steuern zu reduzieren, als die Selbstständigen und Gewerbetreibenden. Letztere müssen einen bestimmten Geldbetrag als Steuer überweisen und denken deshalb eher darüber nach, ob dies wirklich sein muss oder ob es eine andere Möglichkeit gibt, dieses Geld zu behalten bzw. in ein Investment einzubringen.

Gehen wir einen Schritt weiter: Wer kennt schon das Einkommen, das er wirklich verdient und erwirtschaftet? Haben Sie einmal darüber nachgedacht? Möchten Sie überhaupt darüber nachdenken? Gerade für Angestellte ist dies eine wichtige Frage. Für den Unternehmer ist es ja nur sinnvoll, wenn die Arbeit des Angestellten mehr einbringt, als er auszahlen muss. Kennen Sie den Satz: „Das hast du dir verdient!"? Das heisst, Sie haben eine Leistung erbracht und nun Anspruch auf den „gerechten" Anteil. Doch nur dann, wenn Sie die Auswirkungen Ihrer Leistung kennen, können Sie auch beurteilen, was gerecht ist.

Gehen wir in diesem Buch einmal davon aus, dass der Betrag, der Ihnen ausgezahlt wird, auch der ist, den Sie „verdienen." Jetzt möchte ich, dass Sie dieses „verdiente Einkommen" auch wirklich so betrachten, als ob es zu Ihnen kommt. Im Wort Einkommen steckt „kommen." Fliesst das Geld wirklich „durch Sie hindurch"? Kommt es wirklich zu Ihnen? Fühlen Sie es?

Die meisten Menschen arbeiten nur, um Rechnungen zu bezahlen. Sie haben ihre Daueraufträge vergessen, denken bestenfalls noch an das Geld, das ihnen zur freien Verfügung steht. Und sie verplanen oft schon im Voraus ihren Lohn oder ihr Gehalt für die nächste Rechnung. Es kommt gar nicht mehr wirklich alles zu ihnen. Als man den Lohn noch bar auszahlte, kam alles Geld auf den Küchentisch und wurde dann verteilt. Es wurde bewusst und aktiv weitergegeben. Betrachten Sie in Zukunft Ihr Einkommen wieder als Geld, das zu Ihnen kommt und jeden Monat bewusst verteilt wird. Sie dürfen zur Erleichterung Daueraufträge einrichten, diese sollten aber nicht dazu führen, dass Sie diese völlig vergessen und das Geld nicht mehr durch Sie „fliesst," Sie es also nicht mehr als Ihres betrachten!

Ein Teil davon ist für mich zum Behalten! In diesem Satz steckt noch mehr. Ein Teil ist für mich! Es soll also nicht nur durch Sie hindurchfliessen. Es ist für Sie, ganz allein für Sie! Fühlen Sie es? Ein Teil des Geldes ist für Sie! Ja, für Sie! Und zwar zum Behalten. Das heisst, für immer und ewig! Es ist für Sie, und zwar dauerhaft! Es darf und soll für immer bei Ihnen bleiben.

Wie fühlt sich das an? Geld behalten und nie wieder ausgeben? Häufig die erste Reaktion: „Aber ich muss es doch für etwas ausgeben!" Aber wieso eigentlich? Spüren Sie in sich hinein. Können Sie das Geld gerne behalten oder ist da eine Idee, vielleicht sogar ein Druck, es irgendwann wieder ausgeben zu müssen? Wenn Sie den Druck, das Gefühl haben, es wieder ausgeben zu müssen, dann können Sie noch nicht reich werden. Nur Behalten macht reich!

„Aber ich muss doch leben können, kaufen können, man kann doch nicht alles mit ins Grab nehmen!?" So bemüht sich Ihr Unterbewusstsein, mit Ihnen zu verhandeln. Ich sagte eingangs schon: Reich werden und es zu bleiben, setzt eine andere Denkweise voraus.

Immer, wenn Sie von mir Ideen vorgetragen bekommen, bei denen Ihr System revoltiert und die Ideen ablehnt, sollten Sie genau hinschauen, hinfühlen und bewusst merken, dass ich hier anders denke als vielleicht Sie. Könnte hier der Schlüssel zu Reichtum liegen? Es geht nicht darum, dass Sie blind alles annehmen, was ich Ihnen sage. Es geht aber genauso wenig darum, dass Sie blind alles ablehnen, was ich Ihnen sage! Oft sind es gerade die Armen und Erfolglosen, die häufig sagen: „So geht das doch nicht!" Das ist traurig, aber leider wahr.

Die meisten „Armen" holen sich Rat zum Thema Geld bei Leuten, die ebenfalls von Ratenkrediten leben. „Ich muss es doch irgendwann wieder ausgeben" ist nur ein Glaubenssatz, der Mangeldenken ausdrückt. Es fehlt die Vorstellung, immer genügend zu haben, sich alles leisten zu können und dennoch einen Teil zu behalten.

Erinnern Sie sich an das Kapitel 4, Programmierung des Unterbewusstseins, und im Zusammenhang damit an die Anziehung. Das, was wir wirklich im Leben anziehen, geht von einem tiefen, in uns sitzenden Glauben, einer wirklichen Erwartungshaltung aus. Wenn Sie tief in Ihrem Inneren erwarten, dass Sie das Geld irgendwann wieder ausgeben müssen, es weg muss, dann wird es auch wieder weggehen. Also, gewöhnen Sie sich an den Gedanken, insbesondere an das Gefühl, dass es gut, schön und richtig ist, Geld zu behalten. Es dauerhaft zu behalten. Dass Ihr Wohlstand wächst und wächst, Sie sich dennoch alles leisten können. Ganz im Gegenteil, Sie werden später merken, dass Sie sich nur auf diese Weise alles leisten können und sogar mehr, als Sie je erträumt haben.

Die Magie der Zahl 10

Schauen wir uns nun an, wie viel Sie behalten sollten. Es gibt im Universum Regeln, die funktionieren, auch wenn wir nicht immer genau verstehen, warum. 10 Prozent ist eine magische Zahl. Schon in der Bibel war vom 10ten Teil die Rede. Wir wissen nicht genau warum, aber 10 Prozent haben Veränderungskraft. Man nennt dies auch die „kritische Masse." Wenn 10 Prozent in die gleiche Richtung denken, dann können neue Trends entstehen. Bei Evolutionssprüngen hat die Zahl 10 eine grosse Bedeutung. Das gilt auch für unser Thema. Wenn Sie beginnen, 10 Prozent zu behalten (an dieser Stelle geht es mir nur um die Verhaltensweise, nicht um die Anlageart des Geldes), wird sich etwas bei Ihnen ändern.

Richten Sie für die 10 Prozent einen Dauerauftrag ein. Wir wollen hier die „Fähigkeit" nutzen, Daueraufträge aus dem Bewusstsein zu streichen. Sie werden nach kurzer Zeit keinen „Schmerz" mehr empfinden, dass sich das Geld knapper anfühlt. Im Gegenteil: Sie werden sehen, es funktioniert ganz leicht, 10 Prozent beiseite zu legen.

Haben Sie Vertrauen und machen Sie selbst diese Erfahrung. Vielleicht sind Sie immer noch ängstlich und zögern: „Es kann doch nicht gehen!", „Wie soll ich mit 10 Prozent weniger zurechtkommen?" Was genau macht Ihnen jetzt Angst? Es ist erstaunlich, wie es Menschen an dieser Stelle Angst machen kann, Geld zu behalten. Es ist doch nicht weg. Es ist immer noch da! Wenn es weg ist, sollte es Ihnen Angst machen! Aber wenn das Geld doch noch da ist, was ist dann Schlimmes passiert? Das eigentlich Schlimme ist, dass die 10-Prozent-Regel einen Ihrer Glaubenssätze angreift! Und diese verteidigen wir unerbittlich! Wir verteidigen dummerweise auch Glaubenssätze, die für uns schädlich sind.

Es ist immer wieder erstaunlich für mich, dass Menschen es als unmöglich ansehen, 10 Prozent ihres Einkommens für sich beiseite zu legen. In Vorträgen höre ich eine Ausrede ganz besonders oft: „Sie haben gut reden, Herr Sonnenburg! Wenn ich mal so weit bin wie Sie, dann kann ich das auch. Aber Sie sollten mal meine Schulden sehen, da kann ich für mich nicht 10 Prozent weglegen!" Nun, ich hatte 2,4 Millionen Mark Schulden bei der Bank, als ich endlich mein Muster änderte. Doch obwohl ich höhere Verbindlichkeiten hatte als meine Zuhörer, beharren diese auf ihrer Meinung und sehen, wenn überhaupt, erst sehr spät ein, dass sie sich herausreden.

Gerade die falsche Sichtweise aber macht arm. Schulden oder zu wenig Geld ist kein Problem! Es ist nur ein Symptom! Das Problem liegt in den „Wurzeln"! Schulden sind nur das Ergebnis Ihres Denkens und Handelns von gestern. Wenn Sie Ihre Denk- und Handlungsweise ändern, werden Sie andere Ergebnisse erzielen.

Wenn nicht, wird immer wieder das Gleiche geschehen. Deshalb ist Geld nie die Lösung von „Geldproblemen." Ebenso wissen Sie: Tabletten gegen Kopfschmerzen dienen nie der Lösung des Problems, sondern nur der Bekämpfung des Symptoms. Die Schmerzen kommen wieder. Ebenso kommen die Geldprobleme immer wieder, wenn Sie nichts an den Ursachen ändern.

Was ist die Ursache?

Arbeiten Sie immer an den Ursachen! Vergessen Sie die Symptome! Nutzen Sie diese nur als Hinweis, dass an den Wurzeln etwas nicht stimmt! Am Baum hängende Früchte können Sie nicht mehr ändern! Wenn Sie eine andere, bessere Ernte haben wollen, müssen Sie vorher, also bei der Saat und der Pflege des Feldes, besser arbeiten. Wenn die Ergebnisse, die Früchte, bereits vorhanden sind, ist das meiste doch schon gelaufen!

Also kümmern Sie sich nicht um Ihre Schulden! Das klingt provokativ, nicht wahr? Welches Gefühl haben Sie, wenn Sie sich mit Ihren Schulden befassen? Welche Emotion? Die meisten haben ein unangenehmes Gefühl: Not, Scham, vielleicht auch Angst.

Erinnern Sie sich noch an das Gesetz der Anziehung?! Ihre Hauptemotion, Ihre Haupterwartungshaltung bestimmt, was Sie anziehen. Wenn bei Schulden das Gefühl vorherrscht, ich kann nicht bezahlen, dann wird es nur schlimmer! Natürlich weiss ich auch, dass man sich seine Verpflichtungen anschauen soll. Weiter oben habe ich sogar geschrieben: „Face the brutal facts!" Aber es geht nur darum, diese anzuschauen! Lassen Sie nicht zu, dass Sie Not empfinden. Angstgefühle, Notempfindungen sind Emotionen, denen Sie sich freiwillig, aber dennoch kontraproduktiv aussetzen!

Fakten sind nur Fakten und immer neutral. Wenn es regnet, dann regnet es eben. Wenn Sie hierzu Gefühle haben („Schade, ich wollte heute mein neues Kleid anziehen, ich wollte sonnenbaden etc."), dann sind das immer Gefühle, die Sie hinzufügen. Zu Schulden gehören keine Gefühle, sie sind nur Fakten!

Erinnern Sie sich noch an das Gesetz der Polarität? Alles hat zwei Seiten! Jede Münze hat zwei Seiten, oben braucht unten, heiss braucht kalt, Minuskonto braucht Pluskonto etc. Bitte begreifen Sie: Es gibt kein Problem ohne Lösung! Aber Ihr Fokus auf das Problem, insbesondere, wenn sich hierauf sämtliche Energie konzentriert, bringt keine Lösung. So sagt zum Beispiel Robert T. Kiyosaki: „Sie können ein Vermögen machen oder Entschuldigungen erfinden. Sie können nur nicht beides zur gleichen Zeit."

Nochmals zur Verdeutlichung: Wenn Sie Kälte beseitigen wollen, dann hilft es nicht, wenn Sie Ihre ganze Energie auf Kälte konzentrieren. Sie müssen stattdessen Ihren Fokus auf Wärme richten. Wie wird es warm? Das ist die zentrale Frage, der Ihre Aufmerksamkeit gelten sollte. Und siehe da – wenn Sie Wärme produzieren, dann verschwindet die Kälte, ohne dass Sie sich extra darum kümmern müssen. Wollen Sie Dunkelheit beseitigen, dann konzentrieren Sie sich darauf, wie man Licht erzeugt. Wenn das Licht kommt, verschwindet die Dunkelheit automatisch!

Wenn Sie Schulden haben, vergessen Sie einfach Ihre Schulden! Konzentrieren Sie sich darauf, wie Sie Einnahmen erzielen. Wenn Sie genügend Einnahmen erzielen, dann verschwinden Ihre Schulden. Als ich mit Millionen im Minus war, hat meine Bank auch versucht, mich so falsch zu behandeln, wie Banken meist jeden falsch behandeln. In ihrer Angst versuchten sie, mir Schuldgefühle einzureden. Bemerken Sie es? *Schuld*-Gefühle, welch passendes Wort in diesem Zusammenhang!

Denn die Bank neigt in solchen Situationen dazu, Panik zu machen und die Zinsen anzuheben. Alles drehte sich nur noch um die Frage: „Wie wollen Sie Ihre Schulden begleichen?" Zum Glück hatte ich mit einem sehr unverschämten Bankangestellten zu tun, der extra aus der Zentrale angereist kam und mich arg beschimpfte. Das ging mir so über die Hutschnur, dass ich ihm sagte, ich würde mich so nicht von ihm behandeln lassen. Ich stand auf und teilte der Runde mit, wenn sie weiter so mit mir umgingen, gebe es wohl kaum eine Chance, dass sie ihr Geld wiedersehen würden. Sie sollten mich stattdessen in Ruhe arbeiten lassen. Dann wären ihre Chancen grösser. Bevor ich die Bank verliess, sagte ich: „Ich teile Ihnen in den nächsten Tagen mit, was ich zu tun gedenke." Das waren sie wohl nicht gewohnt. Ich, ehrlich gesagt, bis dahin auch nicht.

Heute bin ich dem unverschämten Bankangestellten von damals richtig dankbar. Er hat mir geholfen, frei zu werden. Es war mir in diesem Moment wirklich egal, was die Angestellten in der Bank dachten. Ich bemühte mich, die Schuldgefühle, die sie mir einzureden versuchten, abzuschütteln, und fokussierte von da ab nur noch auf meine Einnahmemöglichkeiten. Ich liess meine Schulden mir wirklich egal sein. Sie waren eben da und würden mich auch noch eine Weile begleiten. Doch mein Fokus richtete sich auf die Frage: Wie mache ich Geld?!

Und so begann ich mich wieder 100%ig auf Erfolg zu konzentrieren und machte im Ergebnis viele Millionen, mit denen ich nicht nur meine Schulden ablösen, sondern vor allem Vermögen bilden konnte. Diejenigen, die nur ihre Schulden zurückzahlen wollen, bleiben dann meist bei Null stehen. Ihr bestes Ergebnis sind keine Schulden mehr, aber eben noch lange kein Vermögen, keine finanzielle Freiheit. Es ist wie bei Menschen, die zum Arzt gehen, damit die Schmerzen verschwinden, aber nicht, damit sie wieder richtig gesund und fit werden.

Vergessen Sie also Ihre Schulden und lernen Sie, Geld zu verdienen, „Geld zu machen." Natürlich sollten Sie genau hinsehen, welche unsinnigen Ausgaben sich vermeiden lassen. Ich bin aber kein Freund davon zu prüfen, wo man sich noch einschränken und ein paar wenige Euros sparen könnte.

Im Gegenteil, ich halte Fernsehsendungen, in denen mit der Familie gemeinsam analysiert wird, wie viel Geld gespart werden kann, wenn der Fernseher nicht auf Standby steht, oder welche Hundeversicherung um drei Euro preiswerter ist, für irreführend und schädlich. Es hilft nur, energetisch die Not zu unterstreichen. Aber es hilft nicht, das Einkommen zu erhöhen. Um es klar und deutlich zu sagen: Ich bin dafür (siehe: „Face the brutal facts") zu prüfen, wo das Geld hingeht. Aber darauf sollten wir keine besondere Energie verwenden und schon gar nicht die gewohnte Angst- und Not-Emotion, denn wir wollen uns nicht zum Lebensziel setzen, Kosten zu senken und karg zu leben. Wir wollen unseren Lebensstandard erhöhen und uns schöne Dinge leisten!

In Firmen geschieht dieser Fehler auch häufig. Wenn wir unsere ganze Energie auf Kosteneinsparung legen, gekoppelt mit der „Angst," dass es sonst nicht mehr weitergeht, dann wissen wir schon, was wir anziehen. Das lässt sich ganz banal ausrechnen. Der maximale Erfolg beim Sparen kann nur der Höhe der Kosten entsprechen. Wenn ich mich auf Einnahmen konzentriere, ist der maximal mögliche Erfolg unendlich! So rationalisieren erfolgreiche Unternehmen auch nicht, um zu sparen, sondern um die Margen zu erhöhen, um besser zu werden. Energetisch ist das ein grosser Unterschied!

Und so sehen wir es dann immer in den Fernsehbeispielen. Bei Familie Michel sind doch tatsächlich Möglichkeiten gefunden worden, im Jahr 326 Euro einzusparen. Wir müssen uns das Leben allerdings dafür oft unbequemer machen. Zum Beispiel den Fernseher nicht mehr im Standby laufen lassen, sondern nach der Sendung aufstehen und das Gerät ausschalten. Ich weiss, es ist keine grosse Sache, die drei Schritte zum Fernseher zu machen. Aber die Ausrichtung der Bemühungen ist unsinnig. Die Umweltaspekte will ich an dieser Stelle nicht berücksichtigen, da dies nicht der Grund für die Abschaltung war.

Warum spricht keiner mit der Familie Michel, wie sie im Jahr 1.000 Euro mehr einnehmen könnte? Dann würde sie nicht ihre Not zusätzlich manifestieren, sondern lernen, dass man mehr Geld machen kann. Auf diesem Weg kommt jeder aus seiner Not heraus und kann wirklich auch in finanzieller Hinsicht erwachsen werden.

Kommen wir zurück zu den 10 Prozent, die Sie beiseite legen sollen. Viele meinen, sie könnten das Geld nicht aufbringen. Im Vortrag stelle ich dann immer die Frage: „Was tun Sie, wenn die Miete, das Brot oder Benzin um 10 Prozent teurer werden?" Dann müssen sich die meisten eingestehen, dass sie es irgendwie schaffen, die 10 Prozent für andere zu erwirtschaften. Für andere ging es bisher immer! An andere ist auch das meiste Geld geflossen! Wenn wir der Sache auf den Grund gehen, dann geht es nicht um die 10 Prozent, sondern darum, diese 10 Prozent für sich selbst beiseite zu legen. Können Sie das für sich tun? Können Sie wirklich 10 Prozent des Geldes, das zu Ihnen kommt, für sich behalten?

Um es noch deutlicher zu sagen: Lieben Sie sich selbst genug? Sind Sie es sich selbst wert, 10 Prozent zu behalten? Letztlich geht es immer wieder darum, ob Sie sich selbst genug lieben. Es ist schon verrückt, wie viele Menschen ich treffe, die mir sagen, meine Familie ist mir heilig, ich liebe meine Familie. Leider muss ich dann oft feststellen, dass sie „lügen."

Wenn Ihnen Ihre Familie wirklich wichtig wäre, dann würden Sie anders mit den Familienfinanzen umgehen. Dann würden Sie Sicherheit aufbauen. Dann würden Sie besser auf Ihre Gesundheit achten, vielleicht weniger trinken, rauchen etc. Was tun Sie Ihrer Familie Gutes, wenn Sie sich arm und krank machen?

Also haben Sie Mut (Armut = arm an Mut), Ihre Muster zu ändern, sich so sehr zu lieben, dass Sie besser für sich sorgen. Legen Sie jeden Monat mindestens 10 Prozent für sich zur Seite. Es mag schmerzhaft sein, ein Muster zu brechen, aber oft ist man selbst sein eigener Gegner, ohne es zu bemerken. Dann hilft es, sich darüber klar zu werden, dass Schmerzen kurzfristig sind; Aufgeben aber dauerhaft. Wagen Sie es und stehen den kurzen Schmerz durch!

Nun schreibe ich immer 10, maximal 50 Prozent. Ich möchte, dass Sie mit mindestens 10 Prozent beginnen. Dies ist wegen der kritischen Masse ideal. Wenn Sie partout nicht wissen, wie Sie das schaffen sollen, dann fangen Sie mit weniger an. Das Wichtigste ist, dass Sie überhaupt anfangen! Beginnen Sie einfach, indem Sie regelmässig einen festen Prozentsatz für sich zur Seite legen. Sie sollten ihn möglichst bald auf 10 Prozent erhöhen. Wenn Sie heute schon mehr sparen können – umso besser. Legen Sie bis zu 50 Prozent für sich beiseite. Mehr allerdings nicht! Ich will nicht, dass Sie in Geiz verfallen und womöglich noch aus Angst sparen. Das wäre grundverkehrt, denn Angstenergie zieht das Unerwünschte an! Also, wählen Sie für sich den richtigen Prozentsatz, mindestens 10 Prozent, maximal 50 Prozent!

Hätten Sie gedacht, dass in einem einzigen Satz eine so tiefe Bedeutung steckt: „Ein Teil meines Einkommens ist für mich zum Behalten!"? Aber hier liegt der Schlüssel, die Weichenstellung zum wirtschaftlichen Erfolg! Wenn Sie diesen Punkt, diese erste Kurve richtig nehmen, dann wird alles leichter!

Beginnen Sie damit, zuerst sich selbst zu bezahlen! Erst sind Sie an der Reihe, dann die anderen! Diesen wichtigen Grundsatz hören Sie auch im Flugzeug immer wieder. Wenn die Sauerstoffmasken zum Einsatz kommen, sollten Sie immer erst sich selbst eine Maske aufsetzen, bevor Sie jemand anderem helfen. Erst die Maske für die Mutter, dann für das Kind! Wenn Sie zuerst andere versorgen, kann es sein, dass Sie selbst zugrunde gehen, weil Sie sich die Maske nicht mehr rechtzeitig aufsetzen können – weil Sie nicht mehr klar bei Verstand oder sogar schon ohnmächtig sind.

Genauso ist es in Gelddingen. Wenn Sie zuerst alle anderen bezahlen, bleibt meist für Sie selbst nichts mehr übrig. Und wenn Sie dann „ohnmächtig" werden, sind Sie ohne finanzielle Mittel!

Prüfen Sie sich wieder mit Erkenntnis- und Fokusbogen:

❶ Ich bezahle immer mich zuerst.

und

❶ Mein Fokus ist darauf gerichtet, andere zuerst zu bezahlen.

Punkt 2: Einen Etat für das laufende Jahr und das grosse Finanzziel nach Höhe und Zeit aufstellen

Hier kommen wir wieder zu unserem Finanzziel. Dies sollte nun nach Höhe und Zeitpunkt festgelegt sein! Wann haben Sie Ihr Ziel erreicht? Steht das Datum fest? Lesen Sie bitte noch einmal das Kapitel, wenn es noch nicht klar ist. Denken Sie daran: Ziel und Plan (Konzept) sind zwei verschiedene Dinge. Der Zeitpunkt gehört mit zum Plan. Also, wenn Sie Ihr Ziel wirklich ehrlich für sich festgelegt haben, wird es nie, aber auch nie geändert. Es wird höchstens zum Besseren angepasst. Der Plan, der Zeitpunkt, kann sich hingegen verschieben, weil wir nicht immer allein Einfluss darauf haben, wann sich etwas manifestiert.

Das Ziel ist Ihr Vermögensziel, Ihr Nettovermögen! Welches Eigentum haben Sie? Haus, Autos, Yacht, was auch immer? Sie benötigen Geld für die laufenden Unterhaltskosten. Deshalb sollten Sie die laufenden Kosten immer vor dem Kauf eines Objektes prüfen. Aus einem Traum ist schon oft ein Alptraum geworden. Kaufen ist einfach, aber wenn der Unterhalt nicht kalkuliert ist, können Sie schnell in die Bredouille kommen. Zum Beispiel besagt eine Redensart, die zwei schönsten Tage im Leben eines Bootsbesitzers seien der Tag, an dem er es gekauft hat, und der Tag, an dem er es endlich wieder verkaufen konnte!

Wenn Sie die laufenden Kosten ermittelt haben, ergibt sich auch das „Ertragsziel" (gewünschte Einnahmen führen zum Anlagebetrag; siehe Faktor 20), das Sie brauchen, um alle Kosten abzudecken. Vielleicht haben Sie aber auch noch ein Arbeitseinkommen.

Wenn Sie Ihr Ziel kennen, ergibt sich leicht die Sparrate, die Sie brauchen, um es zu erreichen. Sie können Ihre Finanzen auch mit einem Finanzplaner über den Zeitraum eines Jahres genau festlegen. Die meisten Menschen lassen sich von notwendigen Geldausgaben überraschen. So kaufen viele in ziemlich regelmässigen Abständen ein Auto, sparen aber nicht die spätere Anzahlung an und haben dann im Monat des Kaufes Finanzstress bzw. müssen wieder finanzieren. Es gibt auch immer wieder überraschende Reparaturen, die viele Menschen in kurzfristige Nöte bringen. Dies kann man alles vermeiden, wenn man richtig vorplant. Legen Sie hierfür verschiedene „Töpfe" bzw. Konten an. Was Sie alles brauchen, entscheiden Sie selbst. Hier einige mögliche Beispiele:

Konten:

- für Notfälle
- für Freiheit / Weggehen können
- für Anschaffungen
- für neue Technologien
- für Bereinigung / Befreiung
- für Spass / Ferien
- für Weiterbildung
- für Soziales
- für Luxus / 1. Klasse
- für Delegation
- etc.

Sie sehen, ich habe auch ein Konto für Spass eingerichtet. Gerade, wenn jemand tief verschuldet ist, ist Spass wichtig! Wenn Sie Schulden haben und nur „Schuldgefühle," sobald Sie sich etwas Luxus leisten, machen Sie sich das Leben unnötig schwer. Oft habe ich gesehen, dass diejenigen, die sich selbst nichts geleistet und nur andere bezahlt haben, irgendwann aus dem Alltag ausgebrochen sind, über die Stränge geschlagen und unnötige Geldausgaben verursacht haben. Dies geschah nur, um den bisherigen Mangel zu kompensieren. Und dann hatten sie anschliessend wieder verstärkt Schuldgefühle. Besser ist es, Sie legen genau fest, wie viel Geld der Kreditrückzahlung dient und wie viel Sie dieses Jahr „just for fun" ausgeben dürfen.

Wenn Sie sich keinen Spass erlauben, macht das Leben keinen Spass! Dann wird es sogar schwerer, fröhlich daran zu arbeiten, die Schulden zurückzuzahlen. Also sorgen Sie für beides: Kredite tilgen und Spass haben! Vielleicht merken Sie, dass sich auch hier wieder die Frage stellt, wie sehr Sie sich selbst lieben. Wenn Sie nicht richtig für sich sorgen, dann können Sie auch nicht für andere sorgen.

Punkt 3: Geld arbeiten lassen

Bei Punkt 1 war es mir nur wichtig, dass Sie Ihr Muster ändern und Geld für sich behalten. Sie können es von mir aus auch unter die Matratze legen. Es ist wichtiger als alles andere, dass Sie emotional in der Lage sind, sich zuerst zu bezahlen und Geld für sich zu behalten.

Bei Punkt 3 geht es nun darum, das Geld für sich arbeiten zu lassen. Geld soll für Sie arbeiten. Nicht Sie für Geld! Ihr Ziel sollte es sein, einen Beruf (= Berufung) auszuüben, der Ihnen emotionale Befriedigung bringt. Zugleich sollten Sie die Fähigkeit haben, Geld für sich arbeiten zu lassen. Wenn die Finanzerträge Ihre Kosten übersteigen, dann sind Sie finanziell unabhängig. Dies kann schon bei geringem Einkommen der Fall sein! Es geht in erster Linie nicht um den Guthabenstand Ihres „Sparkontos." Es geht darum, dass die Erträge Ihres Vermögens ausreichen, Ihre Ausgaben abzudecken. Wenn Sie im Monat 1.000 Euro Kosten haben, dann sind Sie finanziell frei, wenn Sie 1.000 Euro monatlichen Ertrag aus Ihrem Vermögen erzielen. Haben Sie eine Million Ertrag, aber eine Million und einen Euro an Kosten, dann sind Sie noch nicht finanziell unabhängig! Doch dies zu unterscheiden, haben wir meist nicht gelernt.

Nutzen Sie bitte wieder Erkenntnis- und Fokusbogen für dieses wichtige Thema:

❶ Ich arbeite hart für Geld.

oder

❶ Mein Fokus richtet sich darauf, dass das Geld hart für mich arbeitet.

Früher sagte ich oft: Lass' das Geld Kinder kriegen und sie dann für dich arbeiten. Nun ist Kinderarbeit ja verboten, also sprechen wir besser von Zinsen.

Oder noch besser, sprechen wir über Zinseszins. Manche mögen ihn nicht. In der islamischen Religion ist er sogar verboten und wird als grosses Übel angesehen. Dort erfindet man andere Konstrukte, um Geld arbeiten zu lassen. Grundsätzlich finde ich die Möglichkeit gut, jemanden zu unterstützen, indem man ihm Geld gibt, um zum Beispiel eine neue Fabrik zu bauen. Dann ist es doch fair, für das geliehene Geld eine positive Gewinnbeteiligung zu erhalten. Das kann auch Zins sein. Wenn Sie diesen Zins wieder anlegen, haben Sie eben Zinseszins. Egal, ob manche ihn mögen oder nicht – solange dieses Wirtschaftssystem existiert, sollten Sie es auch nutzen.

Zins- und Zinseszinsrechnungen hatten die meisten von uns in der Schule. Aber ich verstand damals nur so viel, dass ich es für die nächste Klassenarbeit lernen musste.

> *„Ich kenne die sieben Weltwunder nicht sehr gut, aber ich weiss, was das achte ist: der Zinseszins."*
> *— Baron Rothschild*

> *„Was ist die am bedeutendste Kraft im Universum? Zinseszins!"*
> *— Albert Einstein*

Den tieferen Sinn, also was der Zins für mein Leben bedeutet bzw. schon früh hätte bedeuten können, habe ich erst viel später begriffen. Bis ich es endlich verstand, hatte ich allerdings schon Millionen „verloren."

Ich gebe Ihnen ein Beispiel: Nehmen wir an, Sie haben 10.000 Euro, die Sie anlegen können. Wir legen sie zu 7 Prozent an. Ich wähle 7 Prozent, weil Sie, wenn Sie kein Geld aus dem Sparprogramm herausnehmen, den Betrag nach 10 Jahren verdoppelt haben.

Aus 10.000 Euro werden bei 7 Prozent Verzinsung in 10 Jahren dann 20.000 Euro. Das ist schon mal gut. Wenn Sie nun die 20.000 Euro weitere 10 Jahre anlegen, dann werden es 40.000! Bitte beachten Sie: Im ersten Zehnjahreszeitraum erhielten Sie 10.000 dazu, im zweiten sind es schon 20.000!

Wenn Sie das Geld weiter für sich arbeiten lassen, werden aus den 40.000 nach 30 Jahren 80.000 Euro, und nach 40 Jahren haben Sie dann 160.000 Euro auf Ihrem Konto. Aus 10.000 werden also im Laufe von 40 Jahren ganz automatisch 160.000. Eigentlich ist es so einfach, rechtzeitig etwas für die Rente zu tun. Wenn ich dies nach der Schule schon richtig verstanden hätte, hätte ich erst einmal 10.000 Euro erarbeitet, angelegt und mich wunderbar gefühlt, denn der Ruhestand wäre schon früh gesichert gewesen.

Wir wollen hier zunächst wirklich verinnerlichen, dass der angelegte Geldbetrag immer weiter wächst, wenn wir nicht zwischendurch Geld herausziehen. Die meisten Menschen sparen allerdings nur, um sich etwas anzuschaffen, und bringen sich so um die Möglichkeit, dass sich der Zinseszins richtig entwickelt. Sie fangen immer wieder von vorne an und sind bestenfalls im ersten Zehnjahreszeitraum zu finden. Aber in unserem kleinen Beispiel haben wir im vierten Zehnjahreszeitraum schon einen Zuwachs von 80.000!

Machen wir es noch deutlicher. Hierzu eine Frage: Was glauben Sie, kommt heraus, wenn wir unsere 10.000 für 14 Prozent anlegen und sie 40 Jahre anlegen? Bitte rechnen Sie nicht lange. Ich will wissen, was Sie spontan aus dem Bauch heraus antworten. Die meisten sagen: „Na ja, mindestens das Doppelte und etwas mehr." Nun ja, 14 ist das Doppelte von 7. Den meisten Menschen fällt es wirklich nicht leicht, so eine Frage schnell zu beantworten bzw. es instinktiv zu wissen. Wir sind eigentlich immer noch „Tagelöhner."

In Deutschland, wo ich aufgewachsen bin, war es vor 50 Jahren noch üblich, dass viele Arbeiter ihr Geld wöchentlich in einer Tüte bar ausgezahlt bekamen. Heute erhalten die meisten Menschen ein Monatsgehalt. Einige wenige haben Jahresverträge. Da ist es doch nicht verwunderlich, wenn kaum einer über den Monat hinausdenkt bzw. -denken kann. Wir haben es noch nicht verinnerlicht, dass dies für uns von so grosser Bedeutung ist.

Jahrtausende haben wir von der Hand in den Mund gelebt. Das Beispiel in der Bibel mit den sieben mageren und den sieben fetten Jahren wurde ja gerade deshalb geschrieben, weil es eben nicht üblich war vorzusorgen. Wir müssen heute nicht in sieben Jahren denken, sondern angesichts der steigenden Lebenserwartung in einem Zeitraum von 30 bis 40 Jahren. Wie viele gehen schon in den 50igern in den Vorruhestand und wollen 90 werden?! Die Chancen stehen ja auch gut. Doch dies bedeutet, 40 Jahre lang von der Substanz zu leben. Die Gesellschaft ist darauf noch nicht vorbereitet. Und gerade deshalb sollten Sie für sich selbst vorsorgen.

Also, was kommt nun heraus bei 14 Prozent? Ich will mal wieder nur das Prinzip deutlich machen, es geht mir nicht um die exakte Berechnung auf den Cent. Sie sollten das Prinzip verstehen!

Bei 14 Prozent kommt nach zehn Jahren ein Betrag von ca. 40.000 heraus. Tatsächlich das Doppelte dessen, was bei einem Zinssatz von sieben Prozent erzielt wird. Wir können auch sagen, bei 14 Prozent haben wir eine Vervierfachung. Dies bedeutet, dass es im zweiten Zehnjahreszeitraum wieder eine Vervierfachung gibt. Aus 40.000 werden dann 160.000. Wir sind jetzt schon nach 20 Jahren dort, wo wir bei sieben Prozent nach 40 Jahren wären! Nach 30 Jahren haben wir dann 640.000 und nach 40 Jahren 2.560.000 Euro (2,56 Millionen!). Mit so einem Betrag dürfte auch Ihre Rente gesichert sein.

mit einer Anlage von 10.000 € erreichen Sie ...	7% Verzinsung	14% Verzinsung
nach 10 Jahren	~ 20.000 €	~ 40.000 €
nach 20 Jahren	~ 40.000 €	~ 160.000 €
nach 30 Jahren	~ 80.000 €	~ 640.000 €
nach 40 Jahren	~ 160.000 €	~ 2.560.000 €

Hätten Sie gedacht, was aus 10.000 Euro werden kann, wenn Sie diese ruhen lassen und richtig anlegen?! Dann haben Sie das Thema Rente für sich gelöst! Es ist eigentlich so einfach. Wir tun es nicht, weil uns die Bedeutung nicht richtig erklärt wurde oder wir es nicht aushalten können, das Geld nicht auszugeben. Was für eine Macht steckt im Zinseszins! Verstehen Sie jetzt, wenn ich sage, Sie sollen sich einen Beruf suchen, der Ihre Berufung ist und Sie emotional zufrieden stellt? Reich werden können Sie ohnehin. Wenn jeder nach seiner Berufung leben würde, wären wir alle gesünder.

Häufig kommen bei meinen Zuhörern oder Beratungskunden Zweifel auf, ob es denn überhaupt eine Möglichkeit gibt, über 40 Jahre 14 Prozent zu erzielen. Diese Möglichkeit gibt es. Es gibt viele Investmentfonds, die diese Prozentsätze über Jahrzehnte nachweisen können. Und das ist auch logisch: In der Bundesrepublik Deutschland liegt der langjährige Festgeldzins bei ca. 6 Prozent. Nun wollen Banken auch etwas verdienen, wenn sie Geld ausleihen. Nehmen wir an, sie leihen es für 8 Prozent aus. Verleihen sie es an Firmen, müssen diese natürlich mehr erwirtschaften als die 8 Prozent, damit sie zurückzahlen können. So sind wir uns schon einmal darüber im Klaren, dass die Wirtschaft immer zwischen 8 und 12 Prozent Plus machen muss, damit die Rechnung aufgeht. Dies ist die normale Steigerung der Wirtschaft. Und die Inflation bringt auch noch einige Prozentpunkte. Nun gibt es natürlich auch Firmen und Wirtschaftsbereiche, die überdurchschnittlich wachsen. Da sind dann 14 Prozent normal. Es gibt allerdings Bereiche, die wachsen noch viel stärker. Warren Buffet, der bekannte Investor, erzielte über die all die Jahre immer einen durchschnittlichen Ertrag von über 20 Prozent Rendite. Er unterscheidet aber auch sehr deutlich zwischen Spekulation und dem sogenannten „Value Investing," d. h. die Substanz der Unternehmen muss stimmen, in die investiert wird. Wer hierzu mehr lernen möchte, dem empfehle ich den Online-Kurs „Yes we invest" von meinem Freund Jens Krautscheid: yes-we-invest.com

Nun möchte ich Ihnen ein Beispiel aus Gibraltar erläutern, das zwar etwas spekulativer ist, das aber zeigt, wie einfach man sehr hohe Renditen erzielen kann. Gehen wie davon aus, dass in Gibraltar ein neues Immobilienprojekt gestartet wird. Ein Appartement soll 200.000 kosten. Als Anzahlung werden 10% verlangt = 20.000.

Bei 1% positiver Marktveränderung, also Steigerung der Immobilienpreise, erhöht sich der Preis des Appartements auf 202.000. Würden Sie jetzt, noch vor der Fertigstellung, Ihr Appartement weiterverkaufen, würden Sie Ihre eingesetzten 20.000 und die 2.000 Gewinn bekommen. Dies bedeutet 10% Rendite auf Ihr eingesetztes Kapital. Bei 3% Steigerung wären es dann schon 30% Rendite. Da in vielen Gegenden die Preise während der Bauphase um 50 oder sogar manchmal um über 100% gestiegen sind, gab es dann natürlich sogar auch Renditen von über 100%.

Derartige Möglichkeiten gibt es vielfach in Europa, insbesondere auch in den neuen aufstrebenden Ländern. Aber Vorsicht, man muss wirklich den Markt und die Einkaufspreise prüfen, es ist ja eine spekulativere Idee. Aber ich und Partner von mir haben damit auch viel Geld verdient. Und merken Sie, es geht darum, auf die Rendite zu fokussieren und nicht auf die Immobilie! Viele sehen diese Möglichkeit nicht, weil sie nur die Immobilie sehen. Man kann also auch mit vergleichsweise kleinen Beträgen sehr hohe Renditen erzielen.

Nun möchte ich Ihnen noch einmal verdeutlichen, dass es nicht allein darum geht, Geld kurzfristig anzulegen, sondern eben darum, Geld liegen und arbeiten lassen zu können. Ein vertiefendes Beispiel:

Wenn Sie einen Euro pro Tag sparen, dann haben Sie nach ca. 68 Jahren 25.000 Euro – ohne Verzinsung. Wenn Sie Ihre Euro immer mit 3 Prozent verzinsen würden, hätten Sie nach 68 Jahren ca. 75.000 Euro zur Verfügung. Noch einmal – ich will hier keine genaue Zinsberechnung durchführen, sondern Ihnen lediglich die Macht von Zins und Zinseszins klarmachen. Selbst bei einem Einsatz von 1 Euro pro Tag, den sich jeder leisten kann, ist die Wirkung beeindruckend. Schauen Sie bitte genau hin:

Bei 5% werden es ca. 200.000

Bei 10% ca. 2,75 Mio.

Bei 15% ca. 50 Mio.

Und bei 20% ca. 1.000 Mio.

Und 1.000 Millionen sind eine Milliarde!

Wer jetzt an sich selbst denkt und nicht mehr 68 Jahre Zeit hat, sollte schauen, ob er nicht vielleicht 2 Euro pro Tag beiseite legen kann. Natürlich weiss ich, dass es nicht möglich ist, mit einem Euro zur Bank zu gehen und einen Zinssatz von 20 Prozent zu fordern. Aber hier geht es – wie schon mehrfach erwähnt – darum, das Prinzip zu verstehen. Und es gibt genügend Investmentfondssparpläne, bei denen man schon mit 50 Euro im Monat starten kann.

Hier noch eine Warnung: Ein italienischer Volkswirt, Vilfredo Pareto, hat im 19. Jahrhundert entdeckt, dass häufig das Verhältnis 80 zu 20 gilt. Prüfen Sie bei sich selbst: 20 Prozent Ihrer Kleidung tragen Sie 80 Prozent der Zeit. 20 Prozent der Teppichfläche benutzen Sie zu 80 Prozent. Mit 80 Prozent der Produkte machen Sie 20 Prozent des Umsatzes. 80 Prozent der Mitarbeiter produzieren 20 Prozent des Erfolges usw.

Dieses Prinzip gilt leider auch für Kapitalanlagen. Es bedeutet, dass 80 Prozent der Kapitalanlagen durchschnittlichen oder unterdurchschnittlichen Erfolg bringen. Dies gilt auch für Investmentfonds. Nicht alle sind gut. Ganz im Gegenteil: 80 Prozent sind Durchschnitt oder schlechter. Wenn Sie, was üblich ist, beim Kauf Gebühren bezahlen müssen, haben Sie bei einem durchschnittlich erfolgreichen Produkt sofort ein unterdurchschnittliches Ergebnis!

Also es ist wichtig, dass das angebotene Produkt überdurchschnittliche Rendite bringt. Besser noch: suchen Sie sich einen „4-Prozenter"! 20 zu 80 habe ich gerade erklärt. Wenn Sie von den

20 wieder 20 Prozent nehmen, dann erhalten Sie die Zahl 4! Die besten Produkte sind immer im oberen 4 Prozent-Bereich zu finden!

Und noch eine Warnung: Ich sprach gerade von „durchschnittlich." Das habe ich auf den allgemeinen Markt bezogen. Wenn Sie ein Angebot erhalten, zum Beispiel Investmentfonds, die im Prospekt mit einer durchschnittlichen Rendite von 25 Prozent angepriesen werden, dann ist Vorsicht geboten. Wenn es dann noch von einer grossen deutschen Bank stammt, sind Sie vielleicht besonders begeistert. Aber Vorsicht, uns interessiert nie die durchschnittliche, sondern die effektive Verzinsung. Hierzu ein Beispiel:

Ein Prospekt verspricht 25 Prozent durchschnittliche Rendite. Sie legen 10.000 Euro an und schauen nach 2 Jahren wieder nach. Sie erwarten, nun 15.000 Euro vorzufinden. Es sind aber nur 10.000 auf dem „Konto." Der Bankangestellte beruhigt Sie und meint, es sei alles in Ordnung. Sie fragen nach den 25 Prozent. „Ja, wir haben gesagt: 25 Prozent durchschnittliche Rendite," erklärt er. Was ist passiert? Sie haben 10.000 angelegt, dann hat der Fonds 50 Prozent Verlust gemacht. Da hatten Sie nur noch 5.000 im Topf. Dann macht der Fonds 100 Prozent Plus. Aus 5.000 werden dann wieder 10.000. In den zwei Jahren gab es 50 Prozent Minus und einmal 100 Prozent Plus. Das ergibt ein Gesamtplus von 50 Prozent und eine durchschnittliche Rendite in 2 Jahren von 25 Prozent. Verstehen Sie? Die durchschnittliche Rendite war 25 Prozent, die reale Verzinsung 0.

Bitte achten Sie also immer auf die effektive Verzinsung, die reale Rendite! Es gibt heute im Internet so viele Möglichkeiten, sich über Aktien und Fonds zu informieren. Nutzen Sie das Internet, um die erforderlichen Informationen zu bekommen. Wenn Sie Zugang zum Internet haben, können Sie über Online-Broker auch oft kostengünstiger einkaufen.

Noch eines sollten Sie aus diesem Beispiel ein für alle Male verinnerlicht haben: Es ist leichter Geld zu verlieren, als es zu „machen." Und wenn Sie mal verloren haben, brauchen Sie immer ein Vielfaches an Rendite, um wieder auf den vorherigen Stand zu kommen. Hier in diesem Beispiel gab es zuerst einen Verlust von 50%. Um diesen wieder auszugleichen, brauchten Sie schon eine Verzinsung von 100%! Sie brauchen immer ein Vielfaches, um den Verlust auszugleichen, und haben Zeit verloren, in der Ihr Geld nicht am weiteren Wachstum teilgenommen hat.

Erinnern Sie sich an Regel Nr. 1: Kein Geld verlieren!

Das zur Verzinsung Gesagte gilt nicht nur für Habenzinsen, sondern besonders für Sollzinsen. Wenn Sie Zins und Zinseszins richtig verstanden haben, dann werden Sie auch mehr als je zuvor darauf achten, wo es unnötige bzw. vermeidbare Kosten gibt. Denn wenn Sie es wirklich richtig verstanden haben, dann wissen Sie, dass es nicht um 10 Euro hier und dort geht, sondern darum, dass diese 10 Euro – über Jahre angelegt – ein Millionenvermögen darstellen. So sehen die Top-Investoren nicht nur den aktuellen Betrag, sie sehen immer, was sie damit auf lange Sicht verloren haben. Und das schmerzt. Die Mehrzahl der Menschen bleibt arm, weil sie diese Sichtweise nicht haben bzw. sie sie nicht interessiert. Es gibt so unendlich viele Menschen, die Zinsen in dieser Höhe für Überziehung, bei Kreditkarten- oder sonstigen Kleinkrediten zahlen, und die Masse interessiert sich gar nicht dafür, wie viel sie effektiv bezahlen, sondern nur, ob sie sich die monatliche Rate leisten können. So sehen sie eben auch nicht, was der Zinseszins auf der Schuldenseite bedeutet. So kraftvoll der Zinseszinseffekt für Sie arbeiten kann, so kraftvoll arbeitet er auch gegen Sie!

Auch ich habe früher hauptsächlich für die Bank gearbeitet und für diese viele Zinsen erwirtschaftet, bis ich den Unterschied zwischen guten und schlechten Zinsen, guten und schlechten

Schulden verstanden habe. Mit guten Schulden macht man Geld, schlechte kosten Geld. Viele kostet es ihre Zukunft.

Hier ein Beispiel für gute Schulden (Investmentfinanzierung): Wir nennen es Leveraging oder Hebelwirkung.

Ich hatte einmal Bonds (Papiere mit einem festen Zinssatz) für 100.000 Euro gekauft und erhielt darauf 6 Prozent Zinsertrag. Diese Papiere habe ich als Sicherheit für einen Kredit genommen. Ich habe mir 50.000 geliehen. Den Zins aus den Bods erhielt ich in Euro; den Kredit nahm ich in Schweizer Franken auf zu einem Zinssatz von 2 Prozent. Von den geliehenen 50.000 kaufte ich nochmals Bonds mit 6 Prozent. Damit hatte ich 150.000 zu 6 Prozent und musste auf 50.000 Schweizer Franken 2 Prozent zahlen. Dies ist im Ergebnis ein Zins von 8 Prozent pro Jahr – bezogen auf meine ursprünglichen 100.000 Euro. Oder anders ausgedrückt: Ich habe meine Rendite auf meine 100.000 durch den Kredit von 6 auf 8 Prozent erhöht.

Später waren die Zinsen für den Schweizer Franken deutlich gestiegen, und solche Geschäfte rentierten sich nicht mehr so stark. Daher stieg ich auf den japanischen Yen um, der damals (2008) ca. 2 Prozent kostete. Nicht nur in den Zeitungen kann man lesen, dass auf diese Weise heute Milliardengeschäfte getätigt werden. Doch Vorsicht! Das „Spielen" mit zwei Währungen birgt natürlich das Risiko, dass sich das Verhältnis der Währungen verschiebt. Es geht mir hier darum, ein Prinzip zu zeigen: Gute Schulden bringen Geld!

Ein anderes Beispiel erwähnt George H. Ross in seinem Buch *Trump Strategies for Real Estate – Billionaire Lessons for the Small Investor*. George Ross ist Anwalt und die rechte Hand von Donald Trump, dem Immobilienmilliardär aus New York. Er macht deutlich, dass viele Menschen nicht richtig in Rendite und Vermögenszuwachs denken. Das ist nicht nur typisch für Europa, es gilt auch für die USA.

Viele Menschen, die ausreichend Geld haben, um ein Mietshaus oder auch ein Eigenheim zu kaufen, sind wild entschlossen, es abzubezahlen. Natürlich ist es gut, nicht auf Dauer unnütz Zinsen bezahlen zu müssen. Aber viele verkennen die Macht der „guten Schulden." Wenn Sie sich Geld leihen und es richtig arbeiten lassen, können Sie schneller reich werden, manchmal überhaupt nur so. Allein durch Ihre Arbeitskraft ist das kaum möglich.

Vermögen machen funktioniert am besten durch Leveraging. Oder, wie man in den USA sagt: „Other Peoples' Money or Other Peoples' Time!" Ich habe zum Beispiel unter anderem ein Vermögen in Network-Marketing gemacht. Das heisst, auch mit Hilfe von vielen Stunden Arbeit anderer Menschen. Das ist das übliche in Firmen, wenn Menschen ihre Zeit dem Unternehmen zur Verfügung stellen. Auch mit dem Geld anderer Leute kann man reich werden. Unternehmen wählen oft den Gang an die Börse, um mit dem Geld anderer Leute zu arbeiten.

Kommen wir zurück zu Ross. Er zeigt an einem Rechenbeispiel, dass man eine viel höhere Rendite erreichen kann, wenn man ein Haus nicht voll bezahlt. Sein Beispiel:

Kaufpreis des Hauses:	10.000.000 €
Mieteinnahme pro Jahr:	1.000.000 €

Dies entspricht 10 Prozent Ertrag.

Wenn Sie nur 2 Millionen anzahlen und dann 8.000.000 zu 7 Prozent finanzieren, ohne Tilgung, sieht das Ergebnis anders aus:

Kosten für Finanzierung p.a.:	560.000 €
Einnahmen (Miete ./. Zinsen):	440.000 €

Dies entspricht 22 Prozent Rendite auf den Geldeinsatz. (2 Mio.)

Verstehen Sie das Prinzip? Wenn Sie weniger Eigenkapital einsetzen und einen Teil der 10.000.000 finanzieren, erhöht sich die Rendite! Nach 5 Jahren haben Sie bei 20 Prozent Rendite immer Ihren Einsatz wieder! So werden Vermögen kreiert.

Ross führt dieses Beispiel nicht weiter aus. Ich möchte es Ihnen aber noch deutlicher machen! Schauen wir uns die beiden Möglichkeiten weiter an. Wie sieht es nach 10 Jahren aus?

Variante mit Volleinzahlung:

Haus Ursprungswert	10.000.000 €
Angenommene Wertsteigerung 3%	3.000.000 €
Mieteinnahmen	10.000.000 €
Gesamt	23.000.000 €

Variante mit Finanzierung (so können 5 Häuser gekauft werden):

Häuserwert	50.000.000 €
./. Finanzierung	40.000.000 €
	10.000.000 €
Mieteinnahmenüberschuss	22.000.000 €
Wertsteigerung auf 5 Häuser	15.000.000 €
Gesamt	47.000.000 €

Nun sieht man schon deutlicher, welchen Unterschied es macht, wenn man finanziert! Ich verzichte auf eine ganz exakte Berechnung. Ich lege die Miete in den zehn Jahren nicht an, berücksichtige also keinen weiteren Zinsertrag und auch keine Verwaltungskosten, sondern gehe davon aus, dass es Häuser mit 10 Prozent Ertrag und einer Wertsteigerung von 3 Prozent gibt. Ich will Ihnen ein Prinzip deutlich machen. Die obigen Zahlen reichen schon aus, um es zu veranschaulichen.

Es wird aber noch klarer, wenn man mit einem Zeitraum von 20 Jahren rechnet. In dem zweiten Zehnjahreszeitraum gehe ich davon aus, dass aus den aufgelaufenen Mieteinnahmen wieder Häuser nach dem jeweils gleichen Muster gekauft werden.

In Variante 1 kann man sich also ein zweites Haus kaufen, während es in Variante 2 schon 11 Häuser sind. Da in Variante 2 auch ein Wertzuwachs von 15 Millionen zur Verfügung steht, der beleihungsfähig ist, können daraus nochmals 7 Häuser gekauft werden. Es müssen dann nur die 14 Millionen für das dazu fällige „Eigenkapital" finanziert werden. Wer so denkt, wie Variante 1 es vorgibt, kann trotz der 3 Millionen Mehrwert nur ein Haus kaufen.

Variante 1 nach 20 Jahren:

Häuser Ursprungswert	20.000.000 €
Mieteinnahmen	20.000.000 €
Wertsteigerung:	
Erste Phase	3.000.000 €
Zweite Phase	6.000.000 €
Gesamt	49.000.000 €

Variante 2 nach 20 Jahren:

Häuser Ursprungswert	230.000.000 €
./. Finanzierung	198.000.000 €
./. Zinsen für 14 Mio.	9.800.000 €
	22.200.000 €
Miete aus 23 Häusern	101.200.000 €
Wertsteigerung:	
Rest erste Phase	1.000.000 €
Zweite Phase	69.000.000 €
Gesamt	193.400.000 €

Erkennen Sie nun den Unterschied? Es macht einen gewaltigen Unterschied aus, wenn Sie lernen, mit fremdem Geld zu arbeiten und den Leverage-Effekt zu nutzen. Es erfordert von Ihnen allerdings, dass Sie von Ihren 200 Millionen „Schulden" nicht nur wissen, sondern dies dann auch emotional aushalten können.

Es gibt die Möglichkeit, am Markt Objekte zu kaufen, die 20 bis 30 Prozent unter dem Marktwert liegen. Deshalb gilt die alte Immobilienregel, dass die Lage für den Wert eines Objekts entscheidend ist, nur eingeschränkt. Wenn Sie die richtige Lage überteuert kaufen, hilft Ihnen auch die richtige Lage nichts.

Das beste Geschäft machen Sie, wenn Sie einen „motivierten" Verkäufer finden. Das ist jemand, der einen dringenden Grund hat, schnell zu verkaufen, zum Beispiel weil Scheidung, Auslandsaufenthalt oder andere Lebensumstände dies erfordern. Denn es gilt die alte Kaufmannsregel: „Der Gewinn liegt im Einkauf." Natürlich müssen Sie Zeit investieren, um die richtige Immobilie zu finden. Aber es gibt sie! Kiyosaki schreibt: „Ich schaue mir oft 100 Objekte an, um ein gutes zu finden."

Jetzt verstehen Sie vielleicht noch besser, warum es wirtschaftlicher Unsinn ist, bald ein Eigenheim zu kaufen. Wer sich früh für seine eigene Wohnimmobilie verschuldet, erhält im Regelfall kaum noch Kredite, die für die Vermögensbildung genutzt werden können. Das Eigenheim kostet dann, um es überspitzt zu sagen, nicht nur die oben erwähnten 1,3 Millionen Zinszahlungen an die Bank, sondern auch den entgangenen Gewinn von vielen, vielen Millionen!

Punkt 4: Weise und erfolgreiche Berater

Ich habe einmal in einer Fastenklinik einen überaus dicken Oberarzt kennen gelernt. Natürlich wurde er gefragt, warum er als Experte für Fasten so dick sei. Seine Antwort: „Ich bin der Wegweiser und brauche den Weg nicht selbst zu gehen!" Ich kenne auch den Spruch, dass man ein faules Ei erkennen kann, ohne selbst Eier legen zu können – oder dass der Schuster die schlechtesten Schuhe hat.

Was will ich damit sagen? Es kann durchaus Berater geben, die Ahnung haben von dem, was sie tun, und dem, was sie empfehlen – ohne es selbst zu leben. Mich interessieren solche Berater aber nicht. Ich empfehle Berater, die nicht nur das Wissen haben, sondern auch die Fähigkeit, den Weg selbst zu gehen. Wie man so sagt, die auch ihr „Selbstgekochtes" essen. Ich will Berater, die selbst dort sind, wohin ich gelangen will.

Sie können sich leicht am folgenden Beispiel vorstellen, dass es einen Unterschied in der Beraterqualität gibt. Nehmen wir an, Sie wollen lernen, Fahrrad zu fahren. Sie haben zwei Berater zur Auswahl. Einer hat alle Bücher über Fahrräder und Fahrradfahren gelesen. Er weiss alles darüber, hat aber selbst nie auf einem Rad gesessen. Der andere hat nicht soviel gelesen, ist aber Fahrradweltmeister geworden. Es gibt einen grossen Unterschied zwischen Theorie und Praxis. Und vor allem zwischen einer Idee und der Fähigkeit, diese Idee zu leben, es zu „sein" und zu verkörpern. Deshalb empfehle ich Ihnen Berater, die das „sind," was Sie suchen. Denken Sie auch an die Schwingung. Ich will, dass meine Zellen schneller in die richtige Vibration kommen. Daher will ich Berater mit dem Wissen und der „Vibration."

Viele Menschen suchen ihre Berater danach aus, ob der Rat kostenlos ist, oder sie entscheiden sich für denjenigen, der seine Praxis gerade um die Ecke hat. Selten fragen sie sich, wer der beste für die Aufgabenstellung ist. Denken Sie daran: Die Fragen bestimmen die Qualität der Antwort, in diesem Fall die Qualität des Beraters, den Sie bekommen.

Kostenloser Rat ist oft der teuerste, weil die billigen Ratgeber selbst nicht den Weg gegangen sind. In Deutschland sagt man: „Guter Rat ist teuer!" Das heisst nicht zwingend, dass alles, was teuer ist, gut sein muss, aber die Erfahrung zeigt, dass die besten Berater gutes Geld für ihre Beratung verlangen. Das ist nur fair. Wenn ihr Rat gut ist, dann soll er auch gut honoriert werden.

Warren Buffet hat einmal zwei Stunden Abendessen mit ihm für einen wohltätigen Zweck versteigert. Jemand bezahlte über 2.4 Mio. US-Dollar für dieses Abendessen. Können Sie sich das vorstellen? Würden Sie es tun? Was denken und fühlen Sie dabei? Denken Sie an das Abendessen, bei dem der Milliardär 15 Millionen-Ideen von sich gab? Oder haben Sie noch Mangelbewusstsein?

Fragen Sie also weniger danach, was der Berater kostet. Entscheidender ist, welchen Nutzen er Ihnen bringt, welche Vermögensbildungsstrategie er hat. Dies gilt auch für Steuerberater. Sie brauchen keinen „Zahlenausrechner," sondern einen Berater! Prüfen Sie im Voraus: Welche Kunden bzw. Mandanten hat Ihr Steuerberater? Wie unterstützt er Sie, damit Sie erfolgreicher werden? Mit welchem Mandanten können Sie einmal sprechen? Wenn Sie der grösste Mandant sind – lassen Sie es! Dann kann Sie der Berater wohl kaum weiterbringen.

Wenn Sie jetzt das Gefühl haben, dass man das nicht machen kann, sind wir vielleicht wieder bei einem anderen Thema: Wie sehr lieben Sie sich selbst? Sie dürfen sich bei einem Berater nicht klein fühlen. Es gibt keinen Grund, egal, wie Ihre Finanzen aussehen, sich als Mensch klein zu fühlen. Wenn Sie sich klein machen, wie wollen Sie dann jemals gross werden? Wenn der Berater Sie gerne klein sieht, sollten Sie sich einfach einen anderen Berater suchen.

Bitte machen Sie sich immer klar: Jeder Berater, egal, wie wichtig Ihnen sein Rat und seine Fähigkeiten sind, ist Ihr Dienstleister, gewissermassen Ihr „Angestellter." Sie bezahlen ihn für seine Arbeit. Dies ist ein faires Geschäft. Sie haben Anspruch auf gute

Leistung. Das heisst nicht, dass Sie überheblich werden sollen. Es wäre ebenso falsch, auf Angestellte herabzuschauen.

Menschen sind Menschen, keiner sollte auf ein Podest gestellt werden. Immer, wenn Sie sich klein machen, werden Sie falsche Entscheidungen treffen und müssen dann nach anderen „treten," um es wieder auszugleichen. Erhöhen Sie keinen und machen Sie sich nicht klein.

In Geldfragen habe ich zwei Berater. Einen bezahle ich auf Stundenbasis. Er ist der kritischere von beiden, prüft mögliche Geldanlagen, hat aber kein „Erfolgsinteresse," ob ich die Geldanlage tätige oder nicht. Dann habe ich noch einen zweiten Berater, der auf Provisionsbasis bezahlt wird. Dies ist auch gut so, denn er bringt mir gute Deals. Um diese zu finden, braucht er viel Zeit. Deshalb ist seine Erfolgsbeteiligung gerechtfertigt. Meine beiden Berater sind natürlich ebenfalls Millionäre.

An dieser Stelle möchte ich Ihnen zwei Begriffe erklären. Was ist der Unterschied zwischen Coach und Mentor? Es wird ja jetzt auch vermehrt „Geldcoaching" angeboten. Ein Coach ist jemand, der vorgibt, Wissen zu haben, was Sie gebrauchen können. Vielleicht auch jemand, der wirklich besser weiss, was für Sie gut ist. So hat auch die Nummer 1 im Tennissport einen Coach, obwohl die Nummer 1 schon weiss, wie man Tennis spielt. Aber ein guter Coach sieht Dinge von aussen, die wir oft nicht sehen, und pusht uns manchmal auch zu Leistungen, die wir allein nicht vollbracht hätten. So vertrete ich auch die Auffassung, wer ein Spitzenleben haben will, braucht jemanden, der ihm zur Seite steht.

Ein Mentor ist jemand, der – im Gegensatz zum Coach – den Weg schon gegangen ist, der also da ist, wohin Sie wollen, und Sie auf dem Weg mit seinem Wissen und der Erfahrung begleitet. Dies ist im Regelfall viel wertvoller, als gecoacht zu werden. Doch Mentoren gibt es nicht in allen Bereichen des Lebens. So ist es im Leistungssport oft so, dass die Nummer 1 im Tennis später keine

Lust hat, als Trainer oder gar Mentor tätig zu sein. Also muss man auf einen Coach zurückgreifen, wenn kein Mentor zur Verfügung steht.

Nicht jeder aber, der den Weg gegangen ist, ist ein guter Mentor. Die Fähigkeit, das Wissen richtig weiterzugeben, ist von grosser Bedeutung. Deshalb können auch Coaches sehr gut und erfolgreich arbeiten, wenn sie die Fähigkeit haben, Inhalte gut zu vermitteln. Aber ein Mentor mit Lehrbegabung ist das Allerbeste.

Nur wenn Sie wissen, wohin Sie wollen, können Sie genau festlegen, was Ihr Berater leisten soll. Also fragen Sie ihn: „Wie komme ich dahin, wohin ich gelangen will? Wem haben Sie auf welche Art und Weise dahin geholfen?"

In Deutschland ist der Begriff „Vermögensberater" kein geschützter Titel. Jeder darf sich so nennen. Die meisten sind nur provisionsabhängige Verkäufer und werden selbst niemals reich werden. Es gibt auch „Berater," die sich selbst in den höchsten Tönen anpreisen: „Gnädige Frau, bei mir sind Sie richtig, ich war 30 Jahre bei der Bank beschäftigt, ich kenne alles!" Hierauf sollten Sie mit folgender Frage antworten: „Warum müssen Sie dann noch arbeiten?" Wer so lange in der Bank gearbeitet hat und sich rühmt „allwissend" zu sein, soll auch belegen, wie viel Erfolg er selbst hat. Die meisten Bank„beamten" haben gar nicht die Ausbildung, ein guter Anlageberater zu sein. Die meisten haben nur gelernt, ein guter „Schalterbeamter" zu sein. Es ist doch logisch, dass jemand, der 3.000 Euro im Monat verdient, wohl kaum der Richtige ist, um Ihnen zu sagen, wie Sie Millionär werden. Wenn diese Leute es wirklich könnten, würden sie es doch selbst tun.

Sie können Ihren Berater bei einem vermeintlich einmaligen Angebot auch fragen, wie viel er selbst investiert hat, und sich seine Anlagen zeigen lassen. Trotzdem ist das keine Garantie dafür, dass er ein guter Berater ist. Gerade Berater, die ein Angebot überschwänglich anpreisen, investieren selbst oft nicht oder können gar nicht investieren.

Als ich noch selbst in der Beratung tätig war, habe ich erlebt, dass viele Kunden, die Geld übrig hatten, mich fragten: „Was soll ich damit tun? Wie lege ich diesen Betrag am besten an?" Das sind eigentlich unsinnige Fragen. Wenn ein Berater nicht genau weiss, was der Kunde will, wo es hingehen soll, was sein Finanzziel ist, wie soll er dann eine richtige Antwort geben? Mit anderen Worten: Jeder Kunde bekommt den Berater, den er verdient. Sie erinnern sich?! Wer allein nach dem „Wie" fragt, folgt der roten Linie, und das geht im Regelfall schief.

Zudem gilt auch für die Qualität der Berater die 20:80 Regel. Leider sind 80 Prozent der Berater nur Durchschnitt oder schlechter. Deshalb sollten Sie darauf achten, dass Ihre Finanzberater, aber auch Ihre Ärzte, Steuerberater oder Anwälte zu den 4-Prozentern gehören. Auch in der Bibel steht schon: „An ihren Früchten sollt Ihr sie erkennen." Wählen Sie also Ihre Berater weise – und wählen Sie vor allem weise Berater!

Punkt 5: Meine Arbeitskraft und mein Finanzziel versichern

Wenn Sie Ihr Finanzziel bestimmt haben und Ihr Sparkonzept steht, was kann dann noch dazwischenkommen? Solange Sie arbeitsfähig sind, werden Sie Ihr Ziel erreichen. Deshalb ist es für Sie und Ihre Familie wichtig, Ihre „Erwerbsfähigkeit" abzusichern. Dies kann eine Unfall-, Berufs-, Erwerbsunfähigkeits- oder Lebensversicherung sein. Stellen Sie eine genaue Liste Ihrer Risiken auf. Auch eine Scheidung kann Ihr Finanzkonzept sowohl im privaten als auch im geschäftlichen Bereich durcheinanderbringen.

Sobald Sie Ihre Risiken genau aufgelistet haben, sollten Sie verschiedene Versicherungsangebote prüfen. Dabei ist es wichtig, dass Sie nur das Risiko versichern. Es lohnt sich im Regelfall nicht, eine Lebensversicherung mit Sparanteil abzuschliessen, da die Renditen hier oft zu gering sind.

Wählen Sie auch für Ihren Versicherungsbereich einen 4-Prozent Berater aus. Das sollte nicht der Vertreter einer Versicherungsgesellschaft sein, sondern ein Versicherungsmakler, der Zugriff auf verschiedene Versicherungsgesellschaften hat. Keine Gesellschaft ist in allen Bereichen die Beste für Sie.

Wenn Sie richtig abgesichert sind, werden Sie Stück für Stück eine immer tiefere Entspannung spüren. Ihr Leben wird leichter. Untersuchungen zeigen immer wieder, dass wir Menschen eine unterschwellige Existenzangst haben. Wovon werde ich morgen leben? Die glücklichsten Menschen auf dieser Welt sind diejenigen, die keine Existenzangst empfinden. Ggf. lesen Sie nochmals die Ausführung im Kapitel „Glücklich mit 55 Jahren" über die Untersuchung von Gail Sheehy.

Wenn Sie nun Ihr Konzept aufgestellt haben und gesund sind, können Sie sicher sein, dass es nur eine Frage der Zeit ist, bis Sie am Ziel sind. Dann sind Sie finanziell frei und unabhängig.

Mit der richtigen Absicherung können Sie sicher sein, Ihr Ziel auch dann zu erreichen, wenn Sie körperlich nicht mehr in der Lage sein sollten, alles selbst zu erarbeiten. Daraus resultiert eine Entspannung und innere Sicherheit, was oft dazu führt, dass Ihre Kreativität steigt und damit auch Ihre Fähigkeit, Einnahmen zu erzielen.

Punkt 6: Einen Ressourcepunkt kaufen

Jetzt überrasche ich Sie vielleicht mit der Idee, ein Haus zu kaufen. Ja, ich weiss, oben habe ich Ihnen noch empfohlen, zunächst auf ein Eigenheim zu verzichten, und nun sollen Sie trotzdem eines kaufen?!

Unter Punkt 1 habe ich versucht, Ihnen deutlich zu machen, dass das Eigenheim im Regelfall wirtschaftlicher Unsinn ist. Und wenn Sie sich in Punkt 4 mit der Möglichkeit vertraut gemacht haben, mit fremdem Geld Vermögen zu bilden, dann sollten Sie wissen, dass eine frühe Verschuldung im Privatbereich verhindert, jemals wirklich reich zu werden.

Wenn Sie aber die Punkte 1 bis 5 richtig gestaltet haben, werden Sie Ihr Finanzziel erreichen. Ab jetzt können Sie also auch beginnen, sich Dinge zu leisten, die nicht immer wirtschaftlich sinnvoll sind. Ich habe zum Beispiel eine Uhr, die mehrere tausend Euro gekostet hat. Um die Zeit abzulesen, braucht man so etwas nicht. Das kann man preiswerter haben. Aber sie hat mir so gut gefallen, und da ich mit dem Kauf nicht mein Konzept gefährdet habe, konnte ich mir auch etwas wirtschaftlich Unnützes leisten. Andererseits empfinde ich immer wieder positive Energie und Freude, wenn ich die Uhr betrachte.

Für uns Menschen ist es wichtig, dass wir einen Platz haben, wo wir uns richtig zuhause fühlen, wo wir entspannen, auftanken und Kraft schöpfen können. Dies muss nicht zwingend ein Haus sein. Für manch einen mag es ein Boot sein, ein Fischteich, ein Jagdrevier etc. Für die meisten ist es aber eine Wohnung bzw. ein Haus. Also kaufen Sie jetzt genau das Haus, das Ihnen wirklich ein Zuhausegefühl gibt. Aber achten Sie darauf, dass Sie Ihr Konzept zur Zielerreichung beibehalten. Gefährden Sie nie Ihr Ziel durch den Kauf des Hauses!

Nun leben Sie Ihr Traumleben! Sie haben einen Platz, an dem Sie sich richtig wohl fühlen, und ein Finanzkonzept, bei dem es nur noch eine Frage der Zeit ist, bis Sie Ihr gestecktes Ziel erreichen. Gratulation!

Punkt 7: Mich selbst und das Konzept weiterentwickeln

Das Leben ist Veränderung. Auch Ihr Lebensstandard, Ihre familiäre Situation, Ihr Finanzbedarf ändert sich. Auch die Welt ändert sich, es gibt neue Marktsituationen, Technologien, Erfindungen. Deshalb ist es immer wieder erforderlich, Ihre Ziele und Ihre getroffenen Entscheidungen zu überprüfen. Kurzum – machen Sie von Zeit zu Zeit ein Update in puncto Finanzen!

Hierzu sagt Bill Gates: „Denn diejenigen, die Neues lernen, werden die Welt erobern. Diejenigen hingegen, die sich mit altem Wissen wunderbar ausgerüstet fühlen, leben in einer Welt, die nicht mehr existiert!"

Und Kiyosaki sagt: „Bevor du in etwas investierst, investiere auch die Zeit, es zu verstehen. Wenn du denkst, Bildung ist teuer, dann probiere aus, wie es sich mit Ignoranz lebt."

Deshalb sollten Sie sich immer wieder die Frage stellen: Was möchten Sie mehr über Geld denken und wissen. Wie möchten Sie fühlen und handeln?

Ihre finanzielle Kompetenz wächst im Laufe der Zeit – das ist nur natürlich. Wenn Sie sich also mehr zutrauen, stecken Sie einfach Ihre Ziele höher. Das Wichtigste ist, dass Ihr Konzept stimmig bleibt.

Zusammenfassung

- Entweder Sie arbeiten für Geld – oder das Geld arbeitet für Sie. Wenn Sie wirklich reich werden wollen, müssen Sie daran arbeiten, ein Vermögen aufzubauen.
- Mindestens 10 Prozent Ihres Einkommens behalten Sie für sich selbst. Monat für Monat.
- Legen Sie bei Ihrer Planung konkrete Geldziele fest: Wie viel Geld wollen Sie als Jahreseinkommen, für Rücklagen, für Investitionen und zur Altersvorsorge?
- Reiche Leute kaufen Vermögenswerte. Arme Leute kaufen Verbindlichkeiten in der Annahme, dass es sich dabei um Vermögenswerte handelt. In Wirklichkeit aber machen sie „schlechte Schulden," die ihnen keinen Spielraum mehr für Investments lassen. „Gute Schulden" hingegen macht man mit geliehenem Geld, um es für sich arbeiten zu lassen.
- Ein eigenes Haus ist der Traum vieler Menschen aus der Mittelschicht. Zur Finanzierung sind sie gezwungen, hohe Kredite aufzunehmen. Sie tappen in die Schuldenfalle. Für den Aufbau eines Vermögens bleibt dann oft kein Geld mehr.
- Folgen Sie den Empfehlungen in diesem Kapitel und bilden Sie sich weiter.

„Reich zu werden ist das Ergebnis davon, etwas auf eine bestimmte Art und Weise zu tun."
— *Wallace D. Wattles, amerik. Autor (1860-1910)*

6. Action ist angesagt!

Bisher haben wir nur über das Konzept gesprochen. Aber es ist ja alles nichts, wenn Sie nicht ins Handeln kommen. Wie also macht man Geld? „Ich kann es doch nicht drucken," werden Sie sagen. Das Gesetz der Anziehung kennen Sie ja schon. Sie fangen also zunächst einmal damit an, dass Sie Ihren Hauptfokus, Ihre Gedanken, Ihre Energie auf Geldeinnahme richten. Hierzu machen wir eine einfache Rechenübung.

Was ist Ihr gewünschtes Jahreseinkommen? Legen Sie diese Zahl bitte jetzt fest. Dann entscheiden Sie, wie viele Wochen Urlaub Sie im Jahr machen möchten. Das Jahr hat 52 Wochen. Ziehen Sie davon Ihre Urlaubswochen ab. Dann teilen Sie Ihr Zieljahreseinkommen durch die verbleibenden Wochen. Somit haben Sie die Summe, die Sie pro Woche verdienen wollen. Nun müssen Sie entscheiden, wie viele Tage Sie pro Woche arbeiten wollen. 5 Tage? Also teilen Sie die Summe durch 5. Nun wissen Sie, wie viel Sie pro Tag verdienen wollen. Jetzt geht es darum, wie viele Stunden pro Tag Sie arbeiten wollen. Teilen Sie Ihr tägliches Zieleinkommen durch die Zahl der Stunden, zum Beispiel durch 8. Nun haben Sie die Summe, die Sie pro Arbeitsstunde verdienen müssen, um Ihr Jahres-Zieleinkommen zu erreichen.

Machen wir ein Beispiel:

Zieleinkommen: 100.000 Euro. Arbeitswochen: 48. Tage pro Woche: 5. Stunden pro Tag: 8.

100.000 : 48 = 2083,33 : 5 = 416,66 : 8 = ca. 52.

Also, was können Sie tun, um 52 Euro pro Stunde zu verdienen? Wenn Sie dies tun, kommen am Jahresende 100.000 Euro heraus. Dies bedeutet aber auch, dass Sie sich Ihrer Zeit bewusst werden müssen. Denn jede Stunde, die Sie verplempern, kostet Sie dann 52 Euro. Jeder unnütze Plausch kostet Sie 52 Euro! Zeit ist Geld!

Beginnen Sie zu überlegen: Ist Ihr Zeiteinsatz gedankenlose Verschwendung oder sind Sie zeitbewusst? Bringt die investierte Zeit den gewünschten Ertrag? Wenn Sie sich zeitbewusst verhalten, aber Ihr Stundenlohn zu niedrig ist, dann wissen Sie, dass Sie etwas ändern müssen.

Auf den folgenden Seiten möchte ich Ihnen zehn Aktionstipps und Hilfestellungen geben, damit Sie Ihre finanziellen Ziele erreichen.

1. Bezahlen Sie sich selbst zuerst!

Im allerersten Schritt geht es darum, sich selbst zu bezahlen. Also legen Sie bitte jetzt den Betrag fest und richten Sie gleich den Dauerauftrag dafür ein. Diese Regel ist nicht nur die wichtigste, sondern scheinbar für viele auch die schwierigste. Denn um sich selbst zuerst zu bezahlen, ist eine Menge Selbstliebe erforderlich. Anders formuliert: Menschen, die eine geringe Selbstachtung haben, können kaum wirklich reich werden.

2. Bilden Sie Rücklagen für Steuern.

Kalkulieren Sie nicht mit Geld, das Ihnen eigentlich schon nicht mehr gehört. Betrachten Sie das Geld, das ans Finanzamt abzugeben ist, nicht als Ihr Geld. Als ich zum ersten Mal selbstständig Geld verdiente, war mir der Unterschied zwischen Brutto und Netto nicht klar. Ich gab fröhlich das Geld aus, das für Vater Staat bestimmt war. Irgendwann kommt aber die Rechnung vom Finanzamt. Dann muss man oft neues Geld erarbeiten, um die Steuern zu bezahlen. Wenn man vielleicht sogar einen Kredit aufnehmen muss, um die Steuern zu bezahlen, kostet dies nicht nur Zinsen, sondern auch wieder Steuern auf diese unnötige Geldausgabe. 80 Prozent aller Existenzgründungen in Deutschland scheitern nach ca. 5 Jahren, weil das Eigenkapital fehlt oder zu wenig Geld für Steuern zurückgelegt wurde. Machen Sie es besser!

3. Geben Sie 10 Prozent Ihres Einkommens für wohltätige Zwecke.

Schon in der Bibel wird immer vom zehnten Teil gesprochen, der für den Herrn ist. Nun, wir denken, es wäre schön, wenn sich der Staat mit 10 Prozent zufrieden geben würde. Aber dies ist hier nicht gemeint. Mindestens 10 Prozent sollten wieder an das „Universum" zurückgezahlt werden. Bestimmt spüren Sie jetzt wieder dieses Gefühl, wie das alles funktionieren soll? Mindestens 10 Prozent für mich, alle Steuern gleich beiseite gelegt, und nun noch 10 Prozent für Charity, für gemeinnützige Zwecke?

Das Leben ist ein Wechselspiel aus Geben und Nehmen. Geben Sie das, was Sie möchten, und es wird im Überfluss zurückkommen. Das ist ein Naturgesetz und gilt für Geld ebenso wie für Liebe oder Freundschaft. Sie möchten Geld – also spenden Sie auch Geld, und es kommt vielfach zurück. Sie möchten Umsatz – also helfen Sie anderen, etwas zu verkaufen, und der Umsatz kommt auch zu Ihnen. Sie möchten Liebe – also geben Sie Liebe. Schon Laotse erkannte:

„Wenn man nehmen will, muss man geben."

Probieren Sie es einfach selbst einmal aus: Immer, wenn Sie das Gefühl haben, dass die Menschen unfreundlich zu Ihnen sind, beginnen Sie zu lächeln und freundlich zu grüssen. Wie durch Zauberei sind Sie plötzlich von fröhlichen Menschen umgeben. Um es auf den Punkt zu bringen: Das Leben ist ein Spiegel. Es reflektiert genau, was wir denken, glauben, fühlen und tun. Also, mindestens 10 Prozent für Charity, die Sie selbst auswählen. Welches Projekt liegt Ihnen am Herzen?

4. Erst dann bestimmen Sie die Ausgaben für Ihren persönlichen Lebensstil.

Nun kommen erst die Ausgaben für den persönlichen Lebensstil, die Lebenshaltungskosten für Sie und Ihre Familie. Sehen Sie, wenn Sie die Punkte 1 bis 3 zuerst erledigen, werden Sie Ihren Lebensstil wirklich danach ausrichten, was Ihnen noch zur Verfügung steht. Sie kommen so nie in Schwierigkeiten, und Ihr Vermögen wächst und wächst! Aus Ihrem Vermögen werden Sie dann früher oder später so viel Erträge erzielen, dass Sie sich jeden Lebensstil leisten können. Umgekehrt geht es oft schief.

Wer mit jeder Gehaltserhöhung seinen Lebensstil erhöht, ohne sich zunächst um die Punkte 1 bis 3 zu kümmern, wird Probleme bekommen. Wenn Sie sich für den privaten Lebensstil etwas noch nicht leisten können, dann finanzieren Sie es bitte nicht. Denken sie stattdessen darüber nach, wie Sie Ihr Einkommen erhöhen, um es sich leisten zu können. Werden Sie kreativ und einkommensorientiert und nie wieder kreditorientiert. Denken Sie daran: Die Zinsen für private Kredite sind oft die höchsten und müssen in fast jedem Land der Erde aus versteuertem Einkommen bezahlt werden. Rechnen Sie einmal genau nach (siehe Ortsbestimmung), wie viel Sie für andere erarbeiten. Dabei kann es so einfach sein, wenn Sie sich an die Regeln hier halten.

Viele geben Geld unsinnig aus für Statussymbole, um „dabei zu sein." Oft geht dann das Geld aus, und am Ende sind sie eben nicht dabei. Wer die hier empfohlenen Verhaltensweisen einhält, kommt sicher an den Punkt, dabei sein zu können. Dann allerdings für immer!

5. Dann erst kommen Ihre Geschäftsausgaben.

Im Vortrag gibt es an dieser Stelle immer grosse Aufregung: „Ich kann doch nicht meine Rechnungen im Geschäft liegen lassen?!" „Ich muss doch zuerst an meine Angestellten denken?!"

Wirklich? Meine persönliche Erfahrung ist, dass ich lange Zeit in meinem Geschäft nur darauf fixiert war, dass alle Rechnungen bezahlt werden konnten. „Habe ich genügend eingenommen, um alles zu bezahlen?" Irgendwann drehte sich alles nur noch um diese zentrale Frage. Für mich blieb meistens nicht viel Geld übrig. In meinen Vorträgen erzähle ich gerne, dass von dem Jurastudenten, der einmal für Gerechtigkeit angetreten war, später nur der Umsatzmanager blieb, der jeden Monat darauf aus war, bis spätestens zum 28. des Monats die Betriebskosten erwirtschaftet zu haben.

In den verbleibenden Tagen des Monats sollte dann noch Gewinn entstehen. Leider gibt es dann einen Monat wie Februar, der nur 28 Tage hat. So war mein Leben. Ich sorgte rund um die Uhr dafür, dass das Unternehmen lief, hatte aber keine wirkliche Vermögensplanung. Nicht für mich und auch nicht für das Unternehmen.

Und was war die Realität? Nicht nur ich selbst, sondern auch das Unternehmen lebte immer an der finanziellen Kante. Ich hatte ja auch nur das Ziel, „durchzukommen" mit dem Betrieb. Wir blieben also immer im Risiko, obwohl das Unternehmen wuchs. Das Ziel, selbst richtig reich zu werden, gab es nicht. Die Idee oder den Traum vielleicht schon, aber nicht das Ziel.

Ich sehe es bis heute, dass viele kleine Handwerksbetriebe oder auch kleine mittelständische Unternehmen ihren Fokus auf das „Durchkommen" gerichtet haben. Wenn es mal schlecht läuft, werfen sie sogar noch private Vermögenswerte in den Betrieb. Oft ist dann alles verloren. Dann werden Investitionen getätigt, nur um Steuern zu sparen und ohne die Wirtschaftlichkeit der Investition richtig zu prüfen. Keine Steuern zu zahlen, ist oft falscher

Ehrgeiz. Denn von einem Euro Einkommen zahlen Sie maximal 50 Prozent Steuern. 50 Prozent des Geldes bleiben immer zum Sparen übrig. Wenn Sie investieren, um lediglich Steuern zu sparen, ist oft der ganze Betrag sinnlos ausgegeben.

Es kann ziemlich stressig sein, wenn nicht genügend Geld reinkommt, um alle Geschäftsrechnungen zu bezahlen, und dennoch die 10 Prozent zu sparen, Geld für die Zahlung der Steuern beiseite zu legen, Charity und den persönlichen Lebensstil zu bedienen. Aber gerade darum geht es. Spüren Sie diese Angst, diesen „Stress"? Ich habe diese Lektion von einem meiner Berater gelernt. Er hat mit seinen Mitarbeitern klare Absprachen getroffen, wer wofür zuständig ist. Jeder Mitarbeiter weiss, was er zu tun hat. Und wenn nicht genug Geld reinkommt, wessen Fehler war es dann? Oft hängt es auch von der Leistung der Mitarbeiter ab, wie viel erwirtschaftet wird!

Aber wer kommuniziert in seinem Geschäft schon klar, was er erwartet? Neue Mitarbeiter sollten in erster Linie eingestellt werden, damit das Unternehmen mehr Geld erwirtschaftet, aber nicht, damit der Unternehmer noch mehr Geld verdienen muss, um sie zu bezahlen. Ich weiss, es mag für viele hart klingen. Aber es läuft wieder einmal alles auf die Frage hinaus: Wie viel sind Sie sich selbst wert?!

Ich kenne einen erfolgreichen Unternehmer, der nur ein einziges Mal eine Ausnahme von dieser Regel gemacht hat. Als am 11. September die Flugzeuge in das World Trade Center flogen, war sein Geschäft so beeinträchtigt, dass er in diesem Monat nicht genügend Umsatz erwirtschaftete. Da dies überhaupt nichts mit den Mitarbeitern zu tun hatte, bezahlte er alle Geschäftsrechnungen, ohne etwas zu streichen.

Ich weiss, an dieser Stelle klingt es für viele so, als wollte ich Rechnungen oder Gehälter in der Firma nicht mehr bezahlen. Nein – das ist nicht der Punkt. Ich lege nur eine andere Reihenfolge der

Zahlungen fest. Seitdem ich dies mache, habe ich nicht nur mein Vermögen erheblich gesteigert, sondern auch im Unternehmen keine Risikosituation mehr. Wenn ich die Punkte 1 bis 4 zuerst erledige, entwickele ich eine andere Denkweise. Ich werde vermögender. Ich habe mehr Geld und bin sicherer. Wenn Sie 1.000 auf dem Konto haben, sind Sie meist von Leuten umgeben, die auch 1.000 haben. Haben Sie 10.000 auf dem Konto, verändert sich Ihr Kreis zu 10.000er Leuten. Haben Sie eine Million auf dem Konto, werden Sie sehen, dass im Kreis Ihrer Bekannten und Geschäftspartner auch Menschen mit einer Million sind. So werden Sie erleben, dass Ihr Unternehmen immer mehr auf die sichere Seite kommt. Also, die Geschäftsausgaben kommen erst an 5. Stelle!

6. Machen Sie eine Einkommensanalyse!

Wie viel Geld möchten Sie zur Verfügung haben? Definieren Sie Ihr Monats-, Alters-, Zins- und Arbeitseinkommen. Das langfristige Ziel muss sein, den grössten Teil Ihres Einkommens aus passiven Einnahmequellen zu generieren. Nutzen Sie dazu die Formulare, die Sie in früheren Kapiteln kennen gelernt haben.

7. Finden Sie neue Möglichkeiten, Geld zu verdienen! Machen Sie sich selbst-ständig!

In Deutschland liegt die Selbstständigen-Quote bei etwa 10 Prozent und damit vergleichsweise niedrig. Vor 100 Jahren gab es wesentlich mehr Selbstständige als heute. Dann kam die Zeit der Industrialisierung und des Wirtschaftswunders. Damals war es verlockend, einen Job als Angestellter mit geregeltem 8-Stunden-Tag, Anspruch auf Urlaub und betriebliche Altersvorsorge anzunehmen. Aber die Zeiten haben sich geändert. Nichts ist ewig, und das Leben verläuft nicht linear.

Wenn Sie angestellt sind und keine Gehaltserhöhung bekommen, die zu Ihrem Ziel führt, wird es Zeit, den Arbeitsplatz zu wechseln oder sich neben- bzw. hauptberuflich selbstständig zu machen. Überlegen Sie, was Sie gut können, gerne machen und welche Dienstleistung Sie anbieten könnten. Es ist so einfach! Jeder hat eine Fähigkeit, die ihn auszeichnet.

Wenn die Selbständigkeit Sie reizt, Sie sich diesen Schritt aber nicht trauen, kann Network-Marketing eine ideale Möglichkeit für Sie sein. Ohne Risiko und ohne wesentliches Eigenkapital können Sie sich zunächst neben- und später hauptberuflich selbstständig machen. Ich selbst habe ein Vermögen in Network-Marketing gemacht, musste mich aber gegen viele Vorurteile durchsetzen. Wenn Sie sich ein Network-Marketing- Unternehmen aussuchen, um Selbstständigkeit zu erlernen, dann erkundigen Sie sich genau darüber, welche Unterstützung Ihr möglicher Sponsor bzw. das in Frage kommende Unternehmen in Bezug auf Erlernen der Selbstständigkeit bietet. Nur sehr wenige Firmen bieten eine gute Ausbildung an. Aber Network-Marketing ist eine der ganz wenigen Möglichkeiten, bei der man überhaupt, und dann noch sehr preiswert, die Selbstständigkeit, Verkaufen, das Unternehmertum lernen kann. In der Schule lernen wir es ja, wie schon erwähnt, leider nicht.

In den heutigen Zeiten von Internet und Telekommunikation eröffnen sich auch in diesem Bereich viele neue Möglichkeiten.

Starten Sie zum Beispiel ein kleines Geschäft von zuhause aus. Dadurch haben Sie viel mehr Freiheiten und womöglich ein viel höheres Einkommen. Erfolgreiche Beispiele gibt es viele. Denken Sie nur an eBay oder YouTube, wo mit Hilfe der Internet-Technologie Milliarden verdient werden. Sollte es da nicht auch eine Möglichkeit für Sie geben, das zu verdienen, was Sie verdienen wollen? Dabei geht es nicht nur darum, selbst eine Internet-Firma aufzubauen. Viele Menschen haben zum Beispiel eBay oder ein anderes Verkaufsportal genutzt, um darüber Produkte zu verkaufen, und sich so selbstständig gemacht. Denken Sie um! Verlassen Sie die eingefahrenen Pfade und die rote Linie, die Sie nicht weiter bringt!

Nutzen Sie Ihren finanziellen IQ, entdecken Sie die Möglichkeiten des World Wide Web für sich, machen Sie Werbung via Internet. Tun Sie das im Kleinen, was andere im Grossen geschafft haben. Handeln Sie – jetzt!

Starten Sie ein kleines Geschäft von Zuhause. Dies ist ein kraftvoller Schritt für jeden, der im Augenblick kein eigenes Geschäft betreibt. Das Geschäft von Zuhause hat zwei Vorteile: es kreiert ein Extra-Einkommen für Investments und es bietet viele legale Steuervorteile.

Geben Sie sich selbst 90 Tage Zeit, um gewissenhaft verschiedene Geschäftsmöglichkeiten zu untersuchen. Lesen und forschen Sie umfangreich.

Nutzen Sie die freien Felder in der Tabelle auf der nächsten Seite und notieren sie Möglichkeiten.

Mein neues Geschäft könnte sein:

Bereich / Branche	Ideen
Dienstleistung aufgrund einer Fähigkeit, die ich habe, die ich anbieten (verkaufen) kann	
Produkt, das ich erfunden oder hergestellt habe und verkaufen kann	
Produkt, das ich erworben habe und verkaufen kann	
Produktverkauf über Internet, z. B. eBay	
Dienstleistungen über Internet, z.B. Newsletter, Beratung, etc.	

8. Putzen Sie nie wieder Ihr Haus!

Was haben Sie oben für sich als Stundenlohn errechnet? Wie hoch muss er sein, damit Sie Ihr Jahresziel erreichen? Hören Sie auf, Dinge zu tun, die Sie nicht weiterbringen und die Sie preiswerter „einkaufen" können. Ein gutes Beispiel dafür ist der Hausputz. Wenn Sie 100 Euro pro Stunde verdienen müssen, um Ihr finanzielles Ziel zu erreichen, aber eine Tätigkeit ausüben, die nur 15 Euro pro Stunde kostet, verraten Sie sich selbst!

Sie wissen, die Reichen denken anders. Das wichtigste für Millionäre ist nicht Geld, sondern Zeit. Geld kann man verlieren und wiedergewinnen. Zeit, einmal verloren, kommt nie wieder zurück. Es bedeutet also, wenn Sie für 15 Euro das Haus putzen lassen, dass Sie sich für 15 Euro eine Stunde Zeit gekauft haben! Eine Stunde Zeit, in der Sie sich Ihren Investments widmen oder Urlaub machen können. Machen Sie sich das bitte richtig bewusst! Prüfen Sie alle Aktivitäten durch!

9. Bestimmen Sie Ihre Berater!

Wir leben in einer Zeit, in der gute Informationen fast unbezahlbar sind. Ihr Finanzberater sollte Sie mit den besten Informationen versorgen. Natürlich sind nicht alle Berater gleich gut. Die 80/20 Regel besagt, dass 80 Prozent der Berater schlechter sind als der Durchschnitt. Es ist wie im Märchen: Man muss viele Frösche küssen, um einen Prinzen zu finden. Vorsicht bei kostenlosen Ratschlägen von guten Freunden! Diese Ratschläge sind meist die teuersten!

Nutzen Sie diesen Aktionsbogen:

Experte	Name Telefon	Zielvereinbarung
Finanzplaner/ -Berater		
Steuerberater/Wirt- schaftsprüfer		
Versicherungsmak- ler		
Rechtsanwalt		
Unternehmens- Berater		
Mentor		

Schaffen Sie ein Wohlstands-Team. Wählen Sie ein Team von Experten, das Sie auf der Reise zum Wohlstand unterstützen wird. Stellen Sie sicher, dass die Fachleute, die Sie engagieren, Ihre Ausrichtung und Ihre Ziele verstehen und entsprechend unterstützen. Ggf. vergleichen Sie ihr Kolbe-Profil (mehr Informationen bei kolbe.com) mit denen Ihrer Berater. Sprechen Sie auch mit Kunden der Berater, bevor Sie sie engagieren.

10. Schaffen Sie sich Ihre Chancen selbst!

Manche Menschen glauben, dass finanzieller Erfolg eine Sache des Glücks ist. Das ist ein verhängnisvoller Irrtum! Wer seine Bemühungen darauf konzentriert, auf die vermeintlich grosse Chance zu warten, wird enttäuscht werden. Napoleon Hill meint dazu: „Die einzige Chance, auf die man sich wirklich verlassen kann, ist tatsächlich diejenige, die man sich selbst schafft." Mit anderen Worten: Die besten Chancen sind die selbst gemachten.

Nur wenige erkennen, dass einem Glück nicht in den Schoss fällt, sondern geschaffen wird. Genauso ist es mit Geld. Wenn Sie immer noch zu denjenigen gehören, die darauf warten, dass das Richtige passiert, kann es sein, dass Sie sehr lange warten müssen. Es ist etwa so, als ob man darauf wartet, dass auf einer Strecke von zehn Kilometern alle Verkehrsampeln grün werden und auch grün bleiben, bevor man die Fahrt beginnt.

„Unterschätze nie deine Möglichkeiten."
— Donald Trump

„Lassen wir uns von den Möglichkeiten überraschen."
— Angela Merkel

„Wir schaffen uns unsere Möglichkeiten."
— Wolfgang G. Sonnenburg

Lernen Sie aus der Geschichte! Denken Sie an Bill Gates: Er war einer der reichsten Männer der Welt – noch bevor er 30 Jahre alt war. Die meisten grossen Unternehmen haben als kleine Firmen angefangen, deren Gründer eine zündende Idee hatte.

Millionen von Menschen aber vergeuden ihr Leben damit, auf ihre Chance zu warten. Natürlich gibt es Fälle, in denen der Zufall dem

Glück auf die Sprünge hilft. Wer sich aber angewöhnt hat, immer nur auf die grosse Chance zu warten, statt nach ihr zu suchen, sieht eine Chance auch dann nicht, wenn sie sich ihm bietet!

Mit anderen Worten: Sie müssen erst säen, bevor Sie ernten, Sie müssen erst aktiv werden, bevor Sie Geld bekommen. Hält Sie noch etwas zurück? Werden Sie immer noch von alten Glaubenssätzen gehindert, das zu tun, was Ihrer Bestimmung entspricht? Legen Sie die Glaubenssätze der Vergangenheit jetzt endgültig zu den Akten. Sie können so viel verdienen, wie Sie möchten! Sie dürfen es! Es gibt nur eine Bedingung: Handeln Sie! Handeln Sie jetzt! Tun Sie alles, was in Ihrer Macht steht, damit Ihr Wunsch bald Wirklichkeit wird. Raymond Holliwell schreibt hierzu:

> *„Ich glaube nicht, dass der Herr demjenigen antwortet, der auf einem bequemen Schaukelstuhl sitzt und darauf wartet, dass ihm das Gewünschte in den Schoss fällt. Irgendwo heisst es, Gott helfe denjenigen, die sich selber helfen. Ja, Resultate erzielt man nur, wenn man etwas tut."*

Sklave oder Herr?

Sie sind entweder der Sklave des Geldes (das heisst auch anderer Menschen) oder sein Herr. Je früher Sie lernen, das Geld zu beherrschen, umso besser. Geld ist Macht. Leider nutzen die meisten Menschen die Macht des Geldes nicht für ihre Zwecke. Wenn Sie keine finanzielle Intelligenz haben, wird Ihnen das Geld davonlaufen. Es ist klüger als Sie; und Sie werden Ihr ganzes Leben für Geld arbeiten.

Wenn Sie der Klügere sind, wird das Geld tun, was ihm gesagt wird. Es wird Ihnen gehorchen. Sie sind nicht länger der Sklave, sondern der Herr. Das ist finanzielle Intelligenz! Bitte machen Sie sich immer bewusst:

- Jeder Gedanke ist entweder ein Investment oder ein Verlust.
- Jede Handlung ist entweder ein Investment oder ein Verlust.
- Jede Geldausgabe ist entweder ein Investment oder ein Verlust.

Denken Sie gross! Kleine Leute bleiben klein, weil sie klein denken. Die meisten Leute suchen etwas, das sie sich leisten können – und deshalb suchen sie zu klein. Sie kaufen nur ein Stück vom Kuchen und zahlen letztlich mehr für weniger. Aber kleine Denker bekommen nicht die grossen Chancen. Wenn Sie reich werden wollen, müssen Sie gross denken. Nehmen Sie den ganzen Kuchen! Schneiden Sie ihn in Stücke, und verkaufen Sie die Stücke mit Gewinn! Auch das ist finanzielle Intelligenz!

Wir leben im Informationszeitalter. Und das bietet unendliche Chancen und Möglichkeiten. Mit einer revolutionären Idee kann man über Nacht unglaublich reich werden. Selbst aus dem Nichts lassen sich innerhalb weniger Minuten Millionen machen. Und noch eines sollte Ihnen das Informationszeitalter bewusst machen: Wir haben in diesem Universum keinen Mangel. Kriege, Streitigkeiten, Win-Lose-Situationen gibt es deshalb, weil wir Jahrhunderte nur an das glaubten, was wir sehen konnten. So glaubten wir, Wohlstand hinge nur von der Menge des Landbesitzes, der Bodenschätze etc. ab. Bill Gates ist der reichste Mann der Welt geworden – ohne Landbesitz und Rohstoffe. Er hat eine „neue" Welt gesehen. Er hat das Informationszeitalter erkannt und frühzeitig „gesehen," dass die Menschen viele, viele neue Informationen produzieren werden, die es zu verarbeiten gilt. Verstehen Sie? Informationen können wir unendlich viele produzieren. Es gibt keinen Mangel!

Wir leben in einer Welt des Überflusses, wenn wir es denn erkennen können. Daher dürfen Sie auch unendlich reich werden, denn es ist für alle genügend da. Wir haben auf dieser Welt keinen Mangel, sondern nur ein Verteilungsproblem!

*„Er nahm vom Überfluss Überfluss.
Und was blieb übrig? Überfluss."*
— *Alte indische Weisheit*

Das Leben bietet so viele Chancen – jeden Tag aufs Neue. Meist werden sie nicht wahrgenommen. Aber sie sind da. Und je mehr sich die Welt und die Technologie verändern, desto mehr Möglichkeiten wird es geben. Die meisten Menschen sind nur deshalb nicht reich, weil sie die Chancen, die sich ihnen bieten, nicht erkennen.

*„Wer Angst vor Misserfolg hat, wird niemals
wirklich Erfolg haben."*
— *Wolfgang G. Sonnenburg*

„Investoren, die dem Rat einiger Broker (Banker) folgen, die das tun, was ihre Freunde tun, oder deren Hauptquelle für Investorweisheit die tägliche Tageszeitung ist, sind wie Korken, die auf den Wellen des Ozeans tanzen. Sie lassen andere ihre Aktionen kontrollieren, damit es nie ihr eigener Fehler ist, sie also einen anderen beschuldigen können, wenn sie Geld verlieren. Die Konsequenz daraus ist: sie lernen nie!"
— *Mark Twain*

Nochmal:

Gott hilft denen, die sich selbst helfen! Bete, als hinge alles von Gott ab und arbeite, als hinge alles nur allein von dir ab!

Zusammenfassung

- Auf dem Weg in ein neues Leben sind viele Schritte notwendig: sich selbst zuerst bezahlen, Rücklagen bilden, eine Einkommensanalyse machen, Finanzberater bestimmen, sich selbstständig machen, eine Vermögensplanung aufstellen.
- Vergeuden Sie nicht Ihr Leben damit, auf die grosse Chance zu warten. Schaffen Sie sich Ihre Chancen selbst. Gestalten Sie Ihre Geschäftsidee.
- Kleine Leute bleiben klein, weil sie klein denken. Reiche Leute hingegen denken gross!
- Nutzen Sie die Chancen und Möglichkeiten des Informationszeitalters. Das Internet öffnet Ihnen das Tor zur Welt und damit zu einem potenziellen weltweiten Kundenkreis. Oder nutzen Sie Network-Marketing. Das kann ein leichter und risikoloser Einstieg in die Selbstständigkeit sein.
- Nehmen Sie Fehlschläge nicht zu ernst. Denn: „Aus Fehlern wird man klug, darum ist einer nicht genug!" Lernen Sie, was für Sie wichtig ist. Leben Sie im Hier und Jetzt und übernehmen Sie täglich die Verantwortung für Ihr Tun.

„Es ist oft produktiver, einen Tag lang über sein Geld nachzudenken, als einen ganzen Monat für Geld zu arbeiten."
— Heinz Brestel, Finanzpublizist

7. Alles unter Kontrolle?

Sie wissen jetzt, dass Sie nicht unbedingt Geld brauchen, um zu Geld zu kommen. Diese Vorstellung ist von gestern. Viele Menschen, die reich geworden sind, haben klein angefangen. Aus einer Idee ist etwas Grosses entstanden. Mit anderen Worten: Sie benötigen nur wenig Geld, um ein Vermögen zu bilden, und wenn Sie wirklich Geld brauchen, können Sie heutzutage sogar Methoden wie Crowdfunding nutzen. Wichtiger sind die Schritte, die Sie bisher gelernt haben. Lernen Sie die „neue Denkweise." Mit Ihrer neuen Einstellung werden Sie sich nicht nur im Umgang mit Geld anders verhalten, sondern auch mehr und mehr Ideen entwickeln, wie Sie geldproduzierende Aktiva kreieren.

Die Voraussetzungen dafür kennen Sie: Sie müssen Ihre Gedanken kontrollieren. Dies erfordert die meiste Disziplin. Nun, dieses Wort Disziplin mag nicht jeder. Ich zum Beispiel hatte lange Jahre echten Widerstand gegen dieses Wort. Es war für mich sehr negativ besetzt. Wenn ich nicht so spurte, wie es mein Vater wollte, die Lehrer nicht mit meinen Leistungen zufrieden waren, dann hiess es immer: „Etwas mehr Disziplin bitte!" Es bedeutete für mich immer, dass ich anders sein sollte, als ich es wollte, und vor allem auf Angenehmes zu verzichten hatte.

Erst vor wenigen Jahren schloss ich mit dem Wort Frieden. Ich schaute endlich einmal im Lexikon nach, was es bedeutet. Es heisst eigentlich nichts anderes als „trainieren." Etwas immer wieder zu tun, bis man es von selbst kann, bis es Gewohnheit geworden ist. Oder wir übersetzen es mit „Kurs halten." Immer kontrollieren, ob ich noch auf Kurs bin. Die beste Absicht und die beste Arbeitsmoral genügen nun einmal allein nicht, um mit dem Segelboot von Hamburg nach New York zu segeln. Wenn ich nicht regelmässig genau prüfe, ob ich noch auf Kurs bin, werde ich nicht am gewünschten Zielort ankommen. Aber wenn man zu etwas wirklich, wirklich „Ja" gesagt hat, ist es einfach, auf Kurs zu bleiben. Bob Proctor hat mir sehr geholfen, als er einmal sagte: „Disziplin ist, sich selbst gegenüber ein Versprechen zu geben und dies einzuhalten." Dies klingt nicht nur angenehmer, sondern auch sehr, sehr sinnvoll. Und vom russischen General und Schriftsteller Alexander W. Suworow (1729-1800) stammt der kluge Satz „Disziplin ist die Mutter des Sieges."

Sie haben einen grossen Teil des Weges zu einem leichteren, glücklicheren Leben nun bereits hinter sich. Lassen Sie Ihr Glück nicht an der Konsequenz scheitern! Kontrolle und Disziplin – das ist der Schlüssel für den Durchbruch zum Erfolg. Steffi Graf hat einmal gesagt:

> *„Viele Mädchen haben das Zeug zu einer grossen*
> *Tenniskarriere, aber nur wenige haben die*
> *Selbstdisziplin, die dazu nötig ist."*

Selbstdisziplin ist die Fähigkeit, den eigenen Willen, die Gedanken und das Verhalten zu kontrollieren. Nur mit entsprechender Selbstdisziplin werden Sie das tun, was für den Erfolg zu tun ist. Dabei geht es nicht um Entsagung, sondern – im Gegenteil – um Erfüllung, Zufriedenheit, ja sogar viel Spass.

Prüfen und korrigieren

Überprüfen Sie also in regelmässigen Abständen Ihre Ziele, Ihre Finanzen und auch Ihre Berater. Sind Sie noch auf Kurs? Oder müssen Sie Korrekturen vornehmen? Überprüfen Sie mindestens einmal pro Monat Ihren Finanzstatus. Nur Tun bringt den Erfolg!

Im Anhang finden Sie ein einfaches Tool, eine Geldkarte. Diese sollten Sie immer in Ihrer Geldbörse und/oder direkt neben Ihrer Kreditkarte aufbewahren. Schneiden Sie die Karte aus. Machen Sie sich gegebenenfalls mehrere Kopien, wenn Sie diese an mehreren Stellen brauchen.

Prüfen Sie in Zukunft bei jeder Geldausgabe: Ist sie eine Verschwendung oder ein Investment? Sie wissen ja: Bei einem Investment fliesst Geld zu Ihnen zurück.

Ebenfalls wichtig sind Ausbildung, Fortbildung und Informationen über die Finanzmärkte. Wie ist hier Ihr aktueller Stand? Bilden Sie sich weiter? Lesen Sie einschlägige Magazine und Bücher? Besuchen Sie Seminare? Was könnten Sie noch tun? Kurzum – entwickeln Sie sich weiter und wenden Sie Ihr Wissen an!

Es ist das ewig gleiche Spiel: Wenn Sie nicht dazulernen, liegt Ihre finanzielle Intelligenz brach. Und noch etwas Wichtiges gilt es zu beachten:

> *„Es ist ein Paradox des Erfolgs, dass die Dinge und Wege, die dich dahin gebracht haben, selten diejenigen sind, die den Erfolg erhalten."*
> — Charles B. Handy, Wirtschafts- und Sozialphilosoph

Um dies an einem einfachen Beispiel deutlich zu machen: Um Lottomillionär zu werden, müssen Sie lernen, einen Lottoschein richtig auszufüllen und abzugeben. Das muss man können, um dahin zu kommen. Wenn Sie die Lottomillion haben, reicht dieses Wissen nicht mehr aus, um mit dem Geld richtig umzugehen. Und – schwupps – ist es bei den meisten auch gleich wieder weg. Wie sagt der Volksmund: Eine Schwalbe macht noch keinen Sommer.

Wer schnell viel Geld bekommen hat, misst ihm oft nicht die Bedeutung zu, die es verdient. Ist doch unwichtig, wie viel das Auto kostet! Geld ist im Überfluss vorhanden. So oder ähnlich ist die Einstellung vieler, die plötzlich reich sind. Was sie nicht wissen: Auch mangelnde Wertschätzung nimmt das Geld übel!

Wenn Sie nicht mehr dankbar sind für das, was Sie besitzen, es nicht mehr ehren und wertschätzen, dann ist es ein Signal an das „Universum," dass das Vermögen, das Geld Ihnen nicht mehr wichtig ist. Und das Geld wird wieder verschwinden. Wie lange würde

Ihr Partner bleiben, wenn Sie ihr bzw. ihm immer das Gefühl geben würden: „Ich respektiere und wertschätze dich nicht mehr"? Und was sagt der Volksmund: „Wer den Pfennig nicht ehrt, ist des Talers nicht wert!"

Denken Sie also intensiv über sich nach! Kontrollieren Sie sich! Was tun Sie? Was funktioniert? Was funktioniert nicht? Alle Dinge, die nicht funktionieren, sollten Sie aus Ihrem Leben streichen. Sonst gefährden Sie Ihr Ziel. Konzentrieren Sie sich stattdessen auf die guten Dinge des Lebens! Machen Sie sich bewusst, wie wunderbar Ihre Zukunft sein wird. So stellen Sie die Weichen für Ihr künftiges Glück. Bei Kiyosaki heisst es:

> „In jedem von uns stecken drei Personen. Ein Reicher, ein Armer und einer aus der Mittelklasse."

Es liegt an Ihnen zu entscheiden, welche Person Sie sein wollen. Fangen Sie an, nach den Regeln der Reichen zu leben! Bauen Sie sich eventuell neben Ihrem Beruf als Angestellter ein kleines Geschäft auf, Ihre erste Cash-Maschine.

Geld ist eine Fiktion. Das, was Sie in Ihrem Kopf haben, bestimmt, was Sie in Zukunft in Ihren Händen haben werden. Reichtum ist ein Geisteszustand – genau wie Armut! Wirklich reich sind Sie erst, wenn Sie wissen, dass Ihr Denken schöpferische Kraft hat. Sie ziehen an, was Sie denken, und werden zu dem, was Sie sich vorstellen.

Es ist Ihre Entscheidung! Ihre Zukunft und die Ihrer Kinder wird von den Entscheidungen bestimmt, die Sie heute treffen.

Zusammenfassung

- Überprüfen und korrigieren Sie regelmässig Ihre finanziellen Ziele. Sorgen Sie dafür, dass Sie auf Kurs bleiben.
- Informieren Sie sich regelmässig zum Thema Finanzen. Wer seine finanzielle Intelligenz nicht weiterentwickelt, wird sein Geld wieder verlieren.
- Seien Sie dankbar für das bisher Erreichte, und wertschätzen Sie Ihr Vermögen.
- Sie entscheiden, wie reich Sie sein werden!

„Menschen, die kleine Träume haben, bleiben ihr Leben lang kleine Leute."
— Robert T. Kiyosaki

Zu guter Letzt

Wir sind fast am Ende dieses Buches angekommen. Mit der Entscheidung, es zu lesen, haben Sie vielleicht den ersten Schritt in ein neues Leben gemacht. Sie sind auf dem besten Weg in eine wunderbare Zukunft, in der Ihr neues Ich zum Vorschein kommt – leuchtender und strahlender als jemals zuvor!

Sind Sie nun bereit, Erfolg und Fülle zuzulassen? Sind Sie jetzt wirklich bereit, reich und wohlhabend zu werden? Möchten Sie wirklich Millionär werden? Wollen Sie es? Glauben Sie, dass es Ihnen zusteht, Millionär zu sein? Sind Sie bereit, den Preis dafür zu bezahlen?

Tatsache ist: Es steht Ihnen zu. Denn das Universum kennt keine Sätze wie: „Das darfst du nicht," „Das hast du nicht verdient" oder „Du bist es nicht wert." Im Gegenteil: Das Universum birgt alles Gute, was der Mensch sich nur vorstellen kann. Kennen Sie die folgenden Worte aus der Bibel?

> *„Bittet, so wird euch gegeben; suchet, so werdet ihr finden; klopfet an, so wird euch aufgetan."*
> — *Matthäus-Evangelium 7, 7*

Dem Menschen gehört die ganze Welt mit all ihrem Reichtum. Leider sind viele blind und sehen den Überfluss und die Fülle um sich herum nicht. Doch nur wer die Fülle wahrnehmen kann, wird auch Fülle erreichen. Unser Geist ist wie ein starker Magnet: Er zieht an, was wir uns vorstellen – Gutes oder Schlechtes.

Wir sind von Fülle umgeben. Immer, wenn wir die Natur betrachten, sehen wir Fülle. Denn die Natur kennt keinen Mangel. Deshalb hat es nie einen Mangel gegeben und wird es nie einen Mangel geben – ausser dem Mangel an Bewusstsein.

Lassen Sie die Vergangenheit hinter sich. Bewegen Sie sich nach vorne – das Ziel fest im Blick. Nur so wird es Ihnen gelingen, eine höhere Bewusstseinsebene zu erreichen.

Für Sie ist jetzt die Zeit gekommen, sich von den geistigen Fesseln der Vergangenheit zu befreien. Machen Sie Platz für all das Gute und Schöne, das Sie sich wünschen. Schauen Sie in die strahlende Zukunft, die vor Ihnen liegt. Lassen Sie Ihren grossen Traum Wirklichkeit werden!

Seit jeher suchen die Menschen den Schlüssel zu Erfolg und Reichtum. Die meisten wissen nicht, dass sich dieser Schlüssel in ihrem Inneren befindet. Vertrauen Sie auf die Gesetze des Universums und die Macht der Gedanken. Sie müssen die richtigen Ursachen setzen, dann wird die entsprechende Wirkung eintreten – das ist ein Gesetz!

Ich würde mich freuen, wenn wir uns im bei einem Vortrag oder einer anderen Verstanstaltung einmal persönlich kennen lernen. Gerne können Sie mir auch per E-Mail von Ihren Erfolgen berichten: wgs@wolfgangsonnenburg.com

Ich wünsche Ihnen ein reiches, erfülltes Leben!

Ihr
Wolfgang G. Sonnenburg

„Ich möchte lieber Asche sein als Staub! Ich will lieber, dass mein Lebensfunke in einer hellen Flamme verglüht, als dass er in Fäulnis erstickt. Des Menschen Hauptzweck ist zu leben, nicht zu existieren. Ich werde meine Tage nicht damit vergeuden, dass ich versuche, sie zu verlängern. Ich werde meine Zeit nutzen."
— Jack London

„Meine Zukunft ist offen. Ich entscheide, was drin sein wird."
— *Wolfgang G. Sonnenburg*

Der Autor im Portrait

Wolfgang G. Sonnenburg hat nicht nur im Namen eine Verbindung zur Sonne – er steht auch auf der Sonnenseite des Lebens. Er ist erfolgreicher Investor, ein gefragter Unternehmer-Coach, Initiator der Winspiration Day Association sowie mehrfacher Millionär.

In Berlin schloss er sein Jura-Studium 1982 mit dem zweiten Staatsexamen ab und gründete innerhalb weniger Jahre ein Immobilienunternehmen, eine Rechtsanwaltskanzlei und eine Steuerberatungsgesellschaft. Trotz des großen Erfolgs war er bald nur noch damit beschäftigt, für die Liquidität seines Unternehmens zu sorgen. Das bedeutete: viel Arbeit, viel Stress, keinen Freiraum und schon gar keine Lebensqualität. Er lief wie der berühmte Hamster im Rad, und kein Ende war in Sicht.

1997 entschied er sich für einen radikalen Schnitt: Nachdem mit seinen Partnern eine Einigung nicht möglich war, meldete er für sein Immobilienunternehmen Konkurs an, löste die Anwaltskanzlei auf und übertrug die Steuerberatungsgesellschaft auf seinen Mitgesellschafter. Was blieb, waren jede Menge Erfahrungen und die übernommenen Bankverbindlichkeiten in Höhe von gut 2.400.000 D-Mark.

Seine persönliche Krise nutzte er zu einem Neuanfang. Er verliess Deutschland und baute innerhalb weniger Jahre eine internationale Vertriebsorganisation mit mehr als 25.000 Mitarbeitern im Wellness-Bereich auf. So erwirtschaftete er Millionen, beglich seine Verbindlichkeiten, investierte in Immobilien und verdiente weitere Millionen. Heute investiert er vielseitig.

Die persönliche Lebenskrise hat ihn verändert. Wolfgang Sonnenburg weiss heute, dass jeder Mensch die Fähigkeit in sich trägt, all die Dinge zu erreichen, von denen er bisher nur zu träumen vermochte. Noch immer gibt es seiner Meinung nach zu viele Menschen, die das eigene Schicksal bejammern und sich als Opfer der Gesellschaft sehen anstatt das eigene Leben mutig in die Hand zu nehmen.

Deshalb inspiriert er Menschen, ihre Ziele zu verwirklichen. Er versteht es als seine Mission, in anderen die Blockaden zu lösen, die sie hindern, ein erfülltes, glückliches und reiches Leben zu führen. „Hilfe zur Selbsthilfe" – so lautet sein Credo. Dabei schöpft er aus seinem reichen Erfahrungsschatz, denn er kennt die Höhen und Tiefen des Lebens nur zu gut.

Um diese Mission zur weltweiten Bewegung auszuweiten hat Wolfgang G. Sonnenburg den *Winspiration Day* ins Leben gerufen, der seit 2002 jährlich stattfindet: Der 7. Mai ist der weltweite Fokustag für unser ureigenstes Potential und darauf, eine konstruktive Zukunft für alle Menschen im Sinne des *Human Development Index* der Vereinten Nationen zu etablieren.

Literaturempfehlungen

Arnim, Hans Herbert von: *Das System – Die Machenschaften der Macht*. Kopp, Rottenburg, 2006.

Bach, David: *The Automatic Millionaire*. Penguin, London, 2005.

Browne, Christopher H.: *Die Value-Zauberformel – Eine Einführung in die erfolgreichste Anlagestrategie der Welt*. Der Aktionär Edition, 2007.

Clason, George S.: *Der reichste Mann von Babylon: Der erste Schritt in die finanzielle Freiheit*. Oesch, Zürich, 2006.

Deida, David: *Der Weg des wahren Mannes*. Kamphausen, Bielefeld, 2006.

Demartini, Dr. John F.: *How to Make One Hell of a Profit and Still Get to Heaven*. Hay House, London, 2004.

Eker, T. Harv: *So denken Millionäre. Die Beziehung zwischen Ihrem Kopf und Ihrem Kontostand,* Heyne Verlag, 2010.

Galbraith, John Kenneth: *Die Ökonomie des unschuldigen Betruges – Vom Realitätsverlust der heutigen Wirtschaft*. Pantheon Verlag, München 2007.

Greenblatt, Joel: *Die Börsen-Zauberformel. Wie Sie den Markt mit Leichtigkeit schlagen*. Börsenmedien, 3. Auflage 2011

Haanel, Charles F.: *Das Master Key System,* Goldmann, 2012.

Hill, Napoleon: *Denke nach und werde reich: Die 13 Gesetze des Erfolgs*. Ariston, München 2011

Holliwell, Raymond: *Geistige Gesetze: Der Weg zu Wohlstand und Glück*. Edition Winspiration, WIN-WIN AG, Bern 2005.

Karsten, Dr. Jürgen: *Das Mentalprinzip – Denken wirkt!* Book on Demand, 2006.

Kiyosaki, Robert T. / Lechter, Sharon L.: *Rich Dad, Poor Dad*. Warner Books, New York 1997. (deutsche Ausgabe: *Reichtum kann man lernen – Was Millionäre schon als Kinder wussten*. Moderne Verlagsgesellschaft, 2001.

Kiyosaki, Robert T. / Lechter, Sharon L.: *Business School: Wirtschaftsausbildung für Menschen, die anderen gerne helfen*. MLM Training, Innsbruck, 2005.

Know-How Box, Sonderausgabe Handelsblatt, cometis AG, Wiesbaden, 2006.

Langemeier, Loral: *The Millionaire Maker: Act, Think and Make Money the Way the Wealthy do*. McGraw-Hill, New York 2005.

Langemeier, Loral: *Cash Machine for Life*. McGraw-Hill, New York, 2007.

Längle, Alfried: *Sinnvoll leben*. Residenz Verlag, 2. Auflage, 2011

Lipton, Bruce: *Intelligente Zellen. Wie Erfahrungen unsere Gene steuern*. Koha, 2006.

Mackenzie, Alec: *Die Zeitfalle*. Sauer, Heidelberg 1995.

Proctor, Bob / Sonnenburg, Wolfgang: *Der Goal Achiever – Das Zielerreichungsprogramm*. CD-Programm, Edition Winspiration, WIN-WIN AG, Bern 2005.

Proctor, Bob: *Erkenne den Reichtum in Dir* (Neuauflage von *Reich geboren werden wir alle*). Life Success Media, 2005.

Sollte, Dirk: *Weltfinanzsystem am Limit*. Horizonte Verlag, Stuttgart, Januar 2008

Sonnenburg, Wolfgang: *Sub-Personalities – Wie alte Rollen unser Leben bestimmen und wie wir uns davon befreien*. CD-Programm, Edition Winspiration, WIN-WIN AG, 2008.

Sprenger, Reinhard K.: *Der dressierte Bürger*. Campus Verlag, Frankfurt am Main 2005.

Stanley, Thomas J.: *The Millionaire Mind*. Andrews McMeel Publishing, Kansas City 2001.

Tier, Mark: *The Winning Investment Habits of Warren Buffet & George Soros*. Truman Talley Books, New York 2006

Town, Phil: *Regel Nummer 1*. Börsenmedien AG, Kulmbach 2007.

Trump, Donald J. / Kiyosaki, Robert T.: *Why We Want You to be Rich*. Rich Press, 2006.

Millionaire Spirit Tipps

Wenn Sie dieses Buch gelesen haben, wissen Sie: Er*folg*reich zu sein, ist die *Folge* zielgerichteten Handelns. Bleiben Sie am Ball mit den *Millionaire Spirit Tips,* die 50-mal gratis in Ihr E-Mail-Postfach geliefert werden.

Melden Sie sich an bei millionaire-spirit.com!

Millionaire Spirit als Hörbuch

Ab Sommer 2014 wird dieses Buch als Hörbuch erhältlich sein, gesprochen von Wolfgang G. Sonnenburg persönlich. Melden Sie sich zu den Millionaire Spirit Tipps an, um sofort nach Erscheinen benachrichtigt zu werden!

Der Winspiration Day

Einmal im Jahr, am 7. Mai, findet der *Winspiration Day* statt: Ein internationaler Tag, an dem sich Menschen auf ihr eigenes Potential besinnen und ein Tag, an dem die Gesellschaft der Umsetzung des *Human Development Index* der Vereinten Nationen näher kommen soll. Hierfür setzt sich die Winspiration Day Association ein, die von Wolfgang G. Sonnenburg ins Leben gerufen wurde.

Erfahren Sie alles über den Verein bei winspirationday.org.

Und das Beste kommt noch!

Ein Inspirationsbuch, ein Zukunftsbuch, das Lust auf ein Leben nach eigenem Entwurf macht, ein Mutbuch, das Energie freisetzt, die eigene Zukunft selbstbestimmt und eigenverantwortlich zu gestalten.

Bestellen Sie es als E-Book oder Taschenbuch bei the-best-is-yet-to-come.org

Alle Einnahmen aus dem Buchverkauf kommen der Winspiration Day Association zugute.

Erkenntnisbogen

| Frage/Thema: | Buchseite: |

Wie denke ich bisher?

Was fühle ich bisher?

Wie handele ich bisher?

Fokusbogen

Frage/Thema: _____   Buchseite: _____

Was will ich denken?

Was will ich fühlen?

Wie will ich handeln?

Mein Weg zum Netto-Vermögens-Millionär

Wolfgang G. Sonnenburg
PURPOSE-DRIVEN PROFIT
wolfgangsonnenburg.com
© 2013, alle Rechte vorbehalten

Ich prüfe bei jeder Geldausgabe:

Verschwendung?   Gewinnbringend?

Printed in Germany
by Amazon Distribution
GmbH, Leipzig